# Rhyfedd o Fyd

GRUFF ROBERTS

Delweddau gan
**Aled Rhys Hughes**

Gomer

# I

# Branwen

Cyhoeddwyd yn 2006 gan
Wasg Gomer, Llandysul, Ceredigion SA44 4JL

ISBN 1 84323 674 5
ISBN-13 9781843236740

Dymuna'r cyhoeddwyr gydnabod cymorth Cyngor Llyfrau Cymru.

Argraffwyd a rhwymwyd yng Nghymru gan
Wasg Gomer, Llandysul, Ceredigion

# CYNNWYS

| | |
|---|---|
| Rhagair | 7 |
| Guernica | 9 |
| Cwm Silyn | 15 |
| Waldo | 19 |
| 'Ar lan y môr' | 23 |
| Caneuon y cof | 29 |
| Herio Simon Hoggart | 31 |
| Bore gwlyb arall | 35 |
| '. . . gwael yw'r gwedd' | 49 |
| 'Draw draw yn China' | 55 |
| 'Ambell i lesson yn Welsh, chware teg . . .' | 67 |
| Y cyfiawn a'r anghyfiawn | 73 |
| Dau Gymro coll | 77 |
| Oddi yma, i ble? | 81 |
| *Et in Arcadia . . .* | 85 |
| *Requiem* i John | 87 |
| Y Canol Distaw Llonydd | 93 |
| Mawredd Mahler | 101 |
| Colli'r cof, colli'r cyfan | 107 |

# Rhagair

Brodor o Amlwch, Ynys Môn, yw'r awdur. Mynychodd y Coleg Normal ym Mangor a threuliodd ei yrfa ym myd addysg gynradd. Bu'n bennaeth ar ysgol gynradd ac yna'n gweithio i Gyngor Sir Gwynedd. Ymgartrefodd ym mhentref Diserth yn Sir Fflint ar ddechrau'r 1960au, ond erbyn hyn mae'r pentref wedi symud i Sir Ddinbych. Mae ganddo fo a'i wraig, Branwen, ddau o blant, sef Catrin a Silyn, a saith o wyresau ac un ŵyr.

Mae'r amgylchedd yn bwysig iawn yn ei olwg ac mae wrth ei fodd yn cerdded gyda chriw Edward Llwyd er bod gwrando ar wybodusion y Gymdeithas yn traethu yn gwneud iddo sylweddoli ei fod o'n affwysol o anwybodus. Mae'n ceisio gwneud esgusion iddo'i hun trwy honni nad oedd llawer o goed a blodau yn tyfu yn Sir Fôn pan oedd o'n blentyn! Weithiau, pan na fydd ei gyfeillion mwyaf selog dros gadwraeth yn gwybod, bydd yn newid ei gar yn slei bach.

Treulia lawer o'i amser yn ceisio rhwystro'r chwyn rhag meddiannu gardd sy'n rhy fawr o'r hanner a rhy serth o ddim rheswm, yn codi wal gerrig neu ddwy neu'n cymysgu rhyw fymryn o goncrit. Mae'n gas ganddo bêl-droed, yn enwedig pan fydd Lloegr yn ennill, ac er na fyddai wiw iddo gyfaddef hynny wrth ei fab, mae o'n meddwl bod edrych ar gêm rygbi yn ymdebygu i edrych ar baent yn sychu. Casach fyth ganddo yw sylwebyddion gêmau sy'n dioddef o'r 'sterics.

Yn ei oriau mwy gwâr mae gwrando ar gerddoriaeth a darllen yn rhoi cysur a phleser iddo. Mae angen gormes o'r iawn ryw i wneud iddo ysgrifennu. Ysgrifennwyd y gyfrol hon ar ffurf dyddiadur, ar gyfer cystadleuaeth y Fedal Ryddiaith, Eisteddfod Genedlaethol, 2005. Mae'r erthyglau yn seiliedig ar ei ymateb i'r hyn oedd yn digwydd yn y byd o'i gwmpas yn ystod y cyfnod Medi-Hydref y flwyddyn gynt.

*'Rydw i o'r farn nad oes dim pwrpas sgwennu deunydd sy'n gwneud i bobl deimlo'n dda a dim mwy na hynny. Nid mewn gwneud i bobl deimlo'n gyfforddus y mae fy niddordeb i, ond mewn gwneud iddyn nhw deimlo'n anghyfforddus. Y mae rhai cwestiynau y mae rheidrwydd arna i i'w gofyn, rhai agweddau y mae angen mynd i'r afael â nhw. Yn y pen draw, mae rhai ystrydebau y mae gwir angen eu diddymu.'*

*Edward W. Said*

# Guernica

Edrychais ar fideo am Ryfel Cartref Sbaen neithiwr, a chael anhawster i ddygymod â'r ffaith bod y digwyddiadau ysgytwol a welais yn cyfoesi â'm plentyndod.

Yn 1937 roeddwn i'n ddwyflwydd oed ac yn cael fy magu yn y Gymru Gymraeg, ddigynnwrf, fel ag yr oedd hi. Yn Sbaen, yn yr un flwyddyn, roedd berw a wnâi bywyd yn wahanol iawn i'r un a'm hamgylchynai i. Wedi i'r Gweriniaethwyr ennill etholiad ym mis Chwefror 1936, rhoddwyd gradd o annibyniaeth i Gatalonia a Gwlad y Basg a chafodd Guernica ei henwi fel prifddinas gweriniaeth annibynnol newydd y Basgiaid. Yn anochel, fe enynnodd hyn lid rhai o swyddogion adain dde'r fyddin, gan gynnwys gŵr o'r enw Francisco Franco, a dechreuwyd cynllwynio i ddisodli llywodraeth y gweriniaethwyr. Erbyn mis Gorffennaf roedd y Rhyfel Cartref wedi cychwyn.

Ar 26 Ebrill 1937, roedd twrf awyrennau rhyfel uwchben Guernica yng ngwlad y Basg, a rhwng 4.30 y prynhawn a 7.45 yr hwyr tywalltwyd bomiau dirifedi ar y dref fechan gan Leng Awyr y Condor o'r Almaen, dan arweiniad Wolfram von Richthofen. Lladdwyd neu anafwyd oddeutu 1,700 o'r 5,000 o drigolion y dref a bu'r tanau a ysodd trwy'r strydoedd culion yn llosgi am dri diwrnod. Yn ôl un a fu'n dyst i'r cyfan:

> Roedd yr awyr yn fyw gyda chri'r rhai oedd wedi eu hanafu. Gwelais ddyn yr oedd ei ddwy goes wedi'u torri, yn llusgo'i hun i lawr y stryd. Roedd darnau o gyrff pobl ac anifeiliaid o'm cwmpas ym mhobman. Yn yr adfeilion, gwelais ferch ifanc. Allwn i ddim tynnu fy llygaid oddi arni. Roedd ei hesgyrn yn brigo trwy ei dillad. Roedd ei gwddw wedi'i dorri. Gorweddai yno, gyda'i cheg ar agor, a'i thafod yn hongian i lawr. Teimlais fy hun yn chwydu. Yna llewygais.

9

Ym Mharis, yn alltud o'i famwlad, adweithiodd yr arlunydd Pablo Picasso gyda ffyrnigrwydd dilyffethair i'r newyddion am yr ymosodiad. Ymhen pum niwrnod ar ôl clywed am anfadwaith yr Almaenwyr, dechreuodd weithio ar baentiad a fyddai'n gyfrwng iddo roi mynegiant i'w ddicter a'i lid.

Cyn ymweld â Madrid yn ddiweddar, roeddwn i wedi ymddiddori rhyw gymaint mewn celf o bob math a thros y blynyddoedd wedi troedio trwy orielau mewn sawl rhan o'r byd. Serch hynny, dim ond yn bur anaml y cefais i unrhyw wefr fawr na theimlo unrhyw gyffro nodedig. Newidiwyd hynny'n llwyr pan aethon ni gyda chyfeillion ar wyliau byr i brifddinas Sbaen.

Ar ein diwrnod cyntaf, ac effeithiau ein cychwyn plygeiniol yn ein llethu, roedd angen rhywbeth trawiadol iawn i wneud argraff arnom. O'r cannoedd o weithiau celf a welsom yn ystod ein hymweliad ag eangderau diderfyn y Prado, dim ond gwaith Francisco Goya, 'Y Trydydd o Fai', a lwyddodd i wneud hynny. Ond doedd gweld hwnnw, hyd yn oed, yn ddim o'i gymharu â'r wefr a'r cyffro anhygoel yr oeddwn i'w teimlo fore trannoeth.

Erbyn i ni gyrraedd Amgueddfa Reina Sofia roedd hi'n ganol y bore a'r lle'n fwrlwm o bobl, o seiniau ac o ieithoedd. Yn y cyntedd roedd arogl coffi i'w glywed yn nofio ar ryw awel o rywle, a'r arogl hudolus hwnnw'n mynd at galon gwendid hen adict fel fi, pryd bynnag a lle bynnag y daw o i'm ffroenau. O'n blaenau roedd carfan o Almaenwyr, ac wrth eu cwt garfan arall, fyrlymus, o Siapaneaid. Roedd yr Almaenwyr, yn wŷr a gwragedd, yn gefnog, eu dillad yn datgan cyfoeth, ac aroglau persawrau'r merched yn pregethu efengylau tai persawr mwyaf drudfawr y byd i bawb oedd yn barod i'w clywed. Roedd eu tywysydd yn wraig oedd o ddifrif, yn gwneud defnydd helaeth o'i dwylo wrth siarad, a'i llais awdurdodol yn mynnu sylw pob copa walltog o'i phraidd. Roedd gan bob un o'r Siapaneaid werth dau dŷ teras yn y Rhondda o gamerâu am eu gyddfau.

Ar un ystyr, roedd *Guernica*, pan ddaeth i'r golwg, yn gyfarwydd. Dros y blynyddoedd mae'n debyg fy mod wedi edrych ar rai dwsinau o atgynyrchiadau ohono mewn llyfrau ac ar ffurf paentiadau, ond wedi edrych yr oeddwn i ac nid wedi gweld. I ddechrau, fersiynau bychain o'r gwaith oedd pob un o'r rheini. Doedd dim un ohonynt wedi ymylu ar fy mharatoi ar gyfer gweld y gwreiddiol.

Yr hyn a'm synnodd gyntaf oedd ei faintioli. Ei anferthedd yn wir. A dim ond wedyn, wrth edrych ar y daflen a gyhoeddir gan y Reina Sofia, y deallais ei fod yn mesur 25 troedfedd wrth 11. Yn yr argraff a adawodd ar fy meddwl, roedd o deirgwaith yn fwy na hynny. Fe'm llethwyd yn llwyr ganddo.

Cyn iddo baentio *Guernica*, roedd Picasso wedi gwneud defnydd helaeth o rai o'r motifau sy'n ganolog i'r gwaith. Roedd y ferch yn wylo, y ceffyl a'r tarw wedi britho ei baentiadau am flynyddoedd. Yma mae'n eu cyfuno, ond y tro hwn trwy ddefnyddio techneg sy'n adleisio rhywbeth mwy cyntefig o lawer ac yn atgoffa rhywun am y paentiadau amrwd y cafwyd hyd iddynt ar furiau ogofâu yng Ngwlad y Basg.

Mae atafistiaeth y ffurfiau – y tarw grotesg; y ferch gegrwth sydd ag arswyd lond ei hwyneb; y ceffyl, â'i dafod fel picell enbyd yng ngwewyr ofnadwy ei angau; y gyddfau bwaog a'r ffordd y maen nhw'n cael eu cydosod – yn creu ymdeimlad o ofnadwyaeth a seriodd ei hun ar fy meddwl. A thrwy ddefnyddio dim ond du, gwyn a llwyd, lliwiau sy'n atgoffa dyn am dudalen flaen papur newydd, datganodd Picasso yn groyw, ddi-flewyn-ar-dafod mai erfyn propaganda yn anad dim oedd ei waith.

Dywedodd Picasso ei hun y byddech chi, petaech chi'n crafu wyneb y paentiad, yn tynnu gwaed ohono a dywedodd John Berger fod Picasso wedi llwyddo i ymgorffori mwy o ddioddefaint ym mhen y ceffyl yn *Guernica* nag a lwyddodd Rubens i'w ymgorffori yn y cyfan o'i baentiad o'r Croeshoeliad. I mi, y bore hwnnw, roedd y gymysgedd o ofn, o ryfeddod ac o arswyd yn anodd eu goddef a does gen i ddim amheuaeth nad y gwaith hwn yw'r gwaith celf mwyaf cofiadwy

11

a grymus y cefais i brofiad ohono yn ystod fy oes. Yn sicr, dyma'r datganiad mwyaf pwerus a wnaed gan unrhyw arlunydd yn erbyn rhyfel ac, yn ei ymyl, mae hyd yn oed 'Y Trydydd o Fai' yn ymddangos yn bur ddiniwed.

Wrth ddod i adnabod a cheisio gwneud rhyw fath o synnwyr o anhrefn delweddau *Guernica* yn fy meddwl, teimlwn fy mod yn ail-fyw'r trais sy'n treiddio trwyddo ac yn ailadrodd hwnnw yn fy isymwybod. Ac wrth i mi adfyfyrio a cheisio fy ngorau glas i ddeall ei gydrannau a'r berthynas sydd rhyngddyn nhw, roedd y pethau rhyfeddaf yn digwydd i mi. Ar yr ochr dde i'r llun mae dyn, â'i freichiau wedi'u codi uwch ei ben, fel petai'n erfyn ar rywbeth yn y düwch yno. Tu cefn iddo mae casgliad o drionglau. Wrth i mi syllu a syllu roedd y rheini'n troi'n fflamau a bron na allwn glywed aroglau'r tân yn llenwi fy ffroenau.

Fel pob gwaith o gelfyddyd fawr, mae *Guernica* yn rhoi ysgytwad i ddyn ac ar yr un pryd yn tanio pethau yn y cof a'r dychymyg sydd wedi bod yn llechu'n dawel yn eu dyfnderoedd cyn hynny. Yno, dan ormes ei ddelweddau, daeth toreth o rwydweithiau, cysylltiadau a haenau o atgofion nad oedd modd i mi eu rheoli i'm meddwl. Yn anochel, roedd y rheini'n cyplysu gyda chymysgedd o deimladau ac emosiynau o bob math. Yn eu plith roedd lluniau dirdynnol Phillip Jones Griffith o Ryfel Fietnam, a'r llun enwog arall hwnnw, o'r un rhyfel, sy'n dangos merch fach noethlymun yn dianc rhag y napalm oedd wedi ei dywallt ar ei phentref gan awyrennau'r Americanwyr. Yna roedd y lluoedd cyrff yn Belsen a Buchenwald, y Paras yn saethu'r diniwed ar strydoedd Derry a lladdedigion Hiroshima a Nagasaki a Dresden. A phen y milwr truan hwnnw yn nhŵr ei danc yn rhyfel cyntaf Irac, ei gnawd wedi'i ddeifio a'i grebachu'n ddim gan wres rhyw dân ysol.

Allan yng ngwres llethol a swnllyd strydoedd Madrid, a'r awyr o'n cwmpas yn dew gan lygredd ceir, roedd delweddau ysgytwol *Guernica* yn parhau i'm poenydio ac i wibio a fflachio'n hunllefus yn fy mhen. Buont yno am ddyddiau, ac yn ysbeidiol am wythnosau ar ôl hynny, ond wrth iddyn nhw gilio a phylu'n raddol, teimladau o siomiant a digalondid a ddaeth i lenwi eu lle. Er ei holl rym a'r argraff ddofn a wnaeth gwaith Picasso arna i fe'm llethwyd hefyd gan y ffaith na wnaeth *Guernica*, nac unrhyw un gwaith o gelfyddyd arall cyffelyb am wn i, yr un iot o wahaniaeth yn y diwedd. Methiant fu ymdrechion Picasso i ddeffro cydwybod y ddynoliaeth, yn union fel y methodd nawfed symffoni ysbrydol a dyrchafol Beethoven â tharfu'r un gronyn ar gydwybod y Natsïaid yn Auschwitz a fyddai'n gwrando arni wrth hebrwng y miloedd Iddewon i'r siamberi nwy.

Dim ond ategu'r gred ddigalon honno wnaeth edrych ar ffilm am Ryfel Cartref Sbaen.

# Cwm Silyn

Mis y cnau, mis cynhaeaf, – mis gwair rhos
  Mis y grawn melynaf,
  Mis gwiw cyn gormes gaeaf,
  Mis liw'r aur, mis ola'r haf.

Gwilym R Tilsley

Geiriau Tilsli'n dod i'r cof a hithau'n fore o odidowgrwydd diwedd haf. Y borfa'n ddisglair wlithog ar y lawnt o flaen y tŷ a'r sofl ar gaeau llawr y dyffryn yn gynnes felyn yng ngolau haul y bore. Roedd yr awyr draw dros y môr yn ddigwmwl er bod Eryri, yn y pellter eithaf, dan lwydni cymylau. Rhag ofn i ni gael siwrnai seithug roedd clywed y llais Saesneg o Blas y Brenin yn ein sicrhau y byddai'r cymylau hynny wedi codi erbyn dechrau'r pnawn yn gysur ac yn symbyliad i ni fynd ati i lwytho'r car.

Cwm Silyn oedd y nod, lle a fu'n ein hudo'n aflwyddiannus ers blynyddoedd. Dioddef diflastod yr A55 yn gymharol ddirwgnach cyn troi oddi arni yn Llandygái a dewis tawelwch cymharol y ffordd sy'n mynd trwy Fethel a'r Bontnewydd, gan osgoi Caernarfon. Troi i'r chwith oddi ar briffordd Porthmadog ac, wedi cyrraedd Llanllyfni, teithio am ryw hanner milltir cyn troi i'r dde heibio i hen chwarel Fronlog, ac yna i fyny'r ffordd gul tua'r mynydd. O'n blaenau yn y pellter, wrth i'r tes gilio, roedd Craig Cwm Silyn yn ei holl ogoniant.

Roedd bws mini o ysgol leol yn y lle parcio a chriw o fechgyn yn un haid swnllyd yn ei ymyl, yn disgwyl i'w cyfoedion, oedd i'w gweld yn y pellter, gyrraedd yn ôl. A rhyfeddod y rhyfeddodau, roedden nhw'n siarad Cymraeg!

Ar ein ffordd ar hyd llwybr y mynydd cawsom air o gyfarwyddyd gan athro hynaws oedd yn dilyn yr olaf o'i ddisgyblion o hirbell. Er ei fod ar frys ac yn awyddus i gyrraedd yn ôl i'r ysgol erbyn amser cinio bu'n ddigon caredig i dreulio ychydig funudau yn ein cyfarwyddo. Mewn dim o dro roedd o wedi'n rhoi ni'n dau yn y glorian, wedi asesu ein potensial fel cerddwyr ac fel dringwyr ac wedi'n cynghori'n garedig briodol. Os oeddem am ei mentro hi i'r copa, meddai, y ffordd orau i ni, heb os, oedd dilyn y llwybr hir ar hyd y gefnen a fyddai'n ein harwain yn araf tua'r copa.

Wedyn, ar ôl i mi gerdded am dipyn, roeddem ar ein pennau ein hunain gyda'r defaid yn yr unigeddau. Yr unig beth i'w glywed oedd ambell fref ynghyd â sŵn cyson awyrennau yn mynd a dod yn yr entrychion uwch ein pennau.

Roedd llynnoedd Cwm Silyn, wedi i ni eu cyrraedd, yn llai na'r disgwyl, ond â dirgelwch hudolus yn perthyn iddyn nhw. Roedd eu lleoliad wrth droed y graig anferth yn atgoffa rhywun am Lyn y Fan Fach a hawdd dychmygu sut y gellid gwau chwedlau am y fath le. Wrth eistedd ar graig wastad i gael tamaid o fwyd, daeth dau gerddwr arall i'r golwg. Ddaethon nhw ddim yn ddigon agos atom i ni fedru eu cyfarch, ond roedd yn amlwg eu bod yn ifanc, yn gerddwyr oedd â nod pendant i'w taith a digon o ynni yn eu coesau i gyrraedd y nod hwnnw ar fyrder. Wrth fwyta, gwelsom y ddau, trwy'r binocwlar, yn anelu'n syth am ben draw'r llyn agosaf at y graig, ac yna'n dechrau dringo'r hafn ddofn a serth sydd ar yr ochr dde i'r clogwyn, sef yr union le y cawsom ni ein cynghori i'w osgoi. Honno, mae'n debyg, oedd y ffordd i'r mentrus a'r ifanc gyrraedd pen y graig. Mewn dim o dro roedd y ddau ar ben y grib ac yna ar y copa!

Doedd dim llwybr eglur o'r llynnoedd i fyny at y gefnen, a gwnâi'r ddaear arw y dringo'n waith caled a llafurus wrth i ni ymlwybro trwy rug a llus. I'r gogledd, tu ôl i ni yn y pellter, roedd Chwarel Dorothea a llanast ei thomennydd rwbel yn graddol ddod i'r golwg. Wrth i'r llethr fynd yn fwy serth a'r anadl yn fyrrach, mynnai'r pengliniau ein hatgoffa am ddamcaniaeth y llawfeddyg hwnnw a ddywedodd na fwriadwyd i brif gymalau'r corff dynol barhau am fwy na deugain mlynedd.

Tir yr ehedydd oedd hwn erstalwm, ond er chwilio a gwrando'n ddyfal doedd dim sôn am ehedydd yn unman y pnawn hwnnw. O feddwl am y peth, doedd hynny ddim yn syndod, gan fod gostyngiad enbyd o 61 y cant wedi bod yn ei niferoedd dros y 30 mlynedd diwethaf. Yr unig adar i'w gweld oedd tair neu bedair o frain oedd yn benderfynol o ddatgan, ar waethaf twrf yr awyrennau rhyfel, mai eu heiddo hwy yw'r awyr yng nghyffiniau Craig Cwm Silyn.

O'r copa cawsom gyfle i eistedd a chynnig saib i aelodau blinedig. Roedd yr olygfa, dros lynnoedd Cwm Silyn, dros ddyffryn Nantlle i'r gogledd a thua Chlynnog Uchaf i'r gorllewin, yn syfrdanol. Teimlai'r ddau ohonom ein bod yn ffodus iawn o gael bod yn y fath le ar brynhawn mor anhygoel o braf.

Tarfwyd ar y tawelwch yn sydyn ac, wrth droi ein pennau i chwilio am yr hyn oedd yn gyfrifol, gwelsom ddwy awyren Hercules anferth yn hedfan yn isel, isel dros ddyffryn Nantlle i gyfeiriad Drws y Coed. Wrth eu gweld daeth arwyddocâd yr holl sŵn awyrennau oedd wedi bod fel cytgan pell yn ein clustiau ers i ni gychwyn, yn amlwg i ni. Roedd 'ymarferiad' o ryw fath yn cael ei gynnal, yr awyrennau hyn oedd y targedau, a thasg yr awyrennau eraill y bu eu sŵn yn ein poenydio trwy'r dydd, oedd chwilio amdanynt a'u 'dinistrio'.

Wrth i ni droi ein cefnau ar y copa a cherdded ar i lawr trwy'r unigeddau gan ryfeddu unwaith eto at ogoniant y wlad o'n cwmpas, roedd hi'n anodd peidio â theimlo rhyw gymaint o chwithdod wrth i sŵn byddarol yr awyrennau barhau i lenwi'r awyr uwch ein pennau. Anodd hefyd, mewn cyd-destun ehangach, yw dyfalu beth yn union yw'r ffactor yn y *psyche* Prydeinig sy'n gwneud i bobl deimlo cymaint o ymrwymiad i ryfel, rhyfela ac arfau rhyfel a pham y penderfynwyd gwario mwy nag £20 biliwn ar 300 neu ragor o awyrennau *Eurofighter*, gwerth £60 miliwn yr un, yn ystod y blynyddoedd nesaf. Pan ddaw'r rheini i'r Fali, bydd mwy fyth o felltith sŵn awyrennau yn tarfu ar Gwm Silyn a phob cwm arall yn Eryri, o ran hynny. Mwy yn sicr nag o gân yr ehedydd.

# Waldo

Mae byw bywyd naturiol fel Cymro Cymraeg mewn cymdeithas sydd dan gysgod diwylliant arall yn brofiad anodd ar lawer ystyr. Mae ymwybyddiaeth o arwahanrwydd yr iaith yn ei gwlad ei hun yn obsesiwn sydd ar feddwl rhywun yn feunyddiol ac yn rhywbeth nad oes dihangfa rhagddo. Byddai disgwyl i rywun o wlad arall, uniaith, lawn ddirnad y cyfyngder meddyliol hwn yn gofyn am naid ymenyddol anferth a thalpiau sylweddol o empathi ar eu rhan.

Dyna pam, ambell dro, y mae hi'n braf medru dianc.

Neithiwr cefais y fraint o gael bod yn bresennol yn Neuadd y Pentref yn Llangernyw i glywed Mererid Hopwood yn darlithio ar Waldo Williams. Roedd y neuadd dan ei sang, y gynulleidfa'n cynnwys pobl o sawl math o gefndir, a chyfran sylweddol ohoni yn bobl ifanc. Ond y peth mwyaf amheuthun ynglŷn â'r achlysur oedd cael bod yn bresennol mewn cyfarfod lle'r oedd yr awyrgylch yn gwbl Gymreig a dim ond y Gymraeg i'w chlywed ar bob tu.

Cyflwynwyd y siaradwraig yn ei ffordd hynaws a hwyliog ei hun gan John Hughes, a sefydlodd gywair priodol i'r noson trwy gyfeirio at y ffaith fod cysylltiad agos rhwng Waldo a Llangernyw. Roedd John Jones, sef taid Waldo ar ochr ei fam, yn hanu o Langernyw, ac yn frawd i Syr Henry Jones, yr athronydd. Er mai yn ne Cymru y treuliodd John Jones ran helaeth o'i fywyd, ym mynwent Llangernyw y mae ei fedd.

Cafodd pob copa walltog yn y lle eu cyfareddu o'r eiliad yr agorodd y siaradwraig ei genau. Cawsom ein swyno gan gynildeb a pherseinedd ei mynegiant a chan ei brwdfrydedd heintus wrth iddi hi fynd ati i roi i ni olwg unigryw bardd ar waith bardd mawr arall. Llwyddodd, yn ei ffordd ddihafal ei hun, i wau gwe rhai o'r cerddi mawr gydag anwe hanes bywyd Waldo gan gyplysu'r ddeubeth yn gelfydd a chreu undod rhyfeddol ohonyn nhw. Wrth iddi ymdrin â'r gerdd 'Cymru'n Un' ni allwn ymatal rhag edrych ar wynebau'r plant oedd yn y gynulleidfa a meddwl bod rhyw arwyddocâd rhyfeddol yn y ffaith fod gan Waldo gysylltiad uniongyrchol â Llangernyw a bod plant y pentref hwnnw, oedd yn gwrando arni'n gegrwth, yn dilyn pob un gair a lefarai er gwaetha'r ffaith bod eu tafodiaith hwy yn wahanol iawn i'r un hyfryd yr oedden nhw'n gwrando arni. Rhywsut, roedd Waldo ei hun wedi rhag-weld y peth:

> Cyfrwng yw iaith. Dweud am bethau. Mae ein sylw ar y pethau, cyn inni sylwi ar y dweud . . . Felly'r iaith ar y dechrau . . . Nid ydym yn sylwi arni.
>
> [Yr Heniaith]

ac yn y man cyfarfod hwn, roedd y pethau, sef geiriau'r gerdd, hefyd yn cael eu gwireddu:

> Ynof mae Cymru'n un. Y modd nis gwn.
> Chwiliais trwy gyntedd maith fy mod, a chael
> Deunydd cymdogaeth – o'r Hiraethog hwn
> A'i lengar liw . . .

Cyflwynwyd 'Y Tangnefeddwyr' trwy drafod y gair 'tangnefedd' a chynorthwywyd pawb ohonom i weld y gair a'r sain addfwyn sy'n perthyn iddo fel agoriad i'w wir ystyr cyn darllen darnau o'r gerdd ei hun. Roedd gwrando ar y darlleniad hwnnw yn brofiad ysgytwol. Wrth i'r ddarlith fynd rhagddi daeth pawb ohonom i amgenach dealltwriaeth o natur Waldo ei hun a sut mae ei unplygrwydd a'i gariad at ei gyd-ddyn yn cael eu hadlewyrchu mewn sawl modd yn ei gerddi. Cyn y diwedd llwyddwyd i argyhoeddi ac i gysuro'r rhai ohonom y mae rhai o gerddi mwyaf Waldo, megis 'Mewn Dau Gae', yn peri penbleth i ni, nad oes modd i neb ddeall cyfanrwydd ystyr unrhyw waith o gelfyddyd ac mai yn y dirgelwch hwnnw y mae'r gwir arwyddocâd i'w ganfod.

Daeth Dewi Roberts â'r cyfarfod i ben, trwy gyflwyno diolchiadau mewn modd oedd yn gweddu'n berffaith i'r noson. Roedd urddas ei fynegiant a dyfnder y diwylliant oedd dan wyneb ei sylwadau yn addurn teilwng ar y cyfan.

# 'Ar lan y môr'

I Fôn heddiw, i gerdded yr arfordir bendigedig rhwng Moelfre a Thraeth Llugwy. Yr ymwelwyr wedi mynd, gan adael heddwch yn eu sgil. Yr awyr a'r môr yn las, dim awel o wynt ac Ynys Dulas yn parhau i gyfareddu ac i geisio'n hargyhoeddi, fel erioed, mai llong danfor yw hi.

I mi, fel un a fagwyd yn ei ymyl, mae bod yng ngolwg y môr yn un o hanfodion bywyd. Pan oeddwn i'n blentyn, yr oedd yn hollbresennol. Roedd ei arogl yn fy ffroenau lle bynnag yr awn, ei ru yn y gaeaf a'i si yn yr haf yn rhyw fath o gefndir i'm byw a'm bod. Dynion môr oedd llawer o ddynion fy nhref enedigol, a hen longwyr a hen gapteiniaid oedd rhai o'i chymeriadau mwyaf lliwgar. Llongwyr oedd tadau, ewythrod a chymdogion llawer o'm cydnabod, ac roedd yr iaith a glywn, heb yn wybod i mi, yn llawn o ymadroddion yr oedd y môr yn frith ynddi.

Blynyddoedd y rhyfel oedd llawer o flynyddoedd fy mhlentyndod, er na wnaeth hynny fawr ddim i amharu'n wirioneddol arno. Mae'n wir fod ambell dalp o olew neu dar yn cael eu golchi i'r lan o dro i dro, ac ambell ddigwyddiad fel suddo'r llong danfor y *Thetis* wedi gwneud argraff ar fy nghof ond, yn anad dim, yr hyn sydd wedi aros yw'r hafau melyn hir, dysgu nofio mewn dŵr heli clir fel grisial, hel broc môr ar ôl stormydd mwyaf gerwin y gaeaf, chwilio am grancod ar greigiau'r Costog a dal mecryll a phenwaig wrth y dwsin yn y Cei neu oddi ar y 'Byrddau'. Rydw i'n cofio hefyd am werthwyr penwaig Moelfre yn dod i guro ar ddrws y cefn ac am fynd, yng nghwmni fy nhaid, i godi cocos o'r Traeth Coch.

Ond mater rhwydd yw rhamantu am blentyndod, ac wrth gerdded ar hyd llybr y glannau trwy gyrion pentref Moelfre a heibio i gofgolofn y *Royal Charter,* daeth realiti'r presennol a'r

23

hyn sydd wedi dechrau digwydd i rannau o'r arfordir digymar hwn â mi at fy nghoed. Lle bynnag yr edrychem, roedd y creigiau wedi'u haddurno â darnau o bolysteirin, cynwysyddion plastig o bob math gan gynnwys amrywiaeth helaeth o boteli, hen esgidiau a'r eitemau eraill hynny sy'n nodweddu'r oes wastraffus yr ydym yn byw ynddi. Yna, o'n blaenau, a rhyngom a thraeth Llugwy, ac ar ran o arfordir a fu'n ddilychwin am ganrifoedd, roedd rhywrai wedi caniatáu i wersyll carafannau sefydlog gael ei ymestyn hyd at ymyl y creigiau gan olygu nad oes modd, bellach, parhau'r daith ar hyd y llwybr cyhoeddus heb orfod cerdded rhwng y carafannau. Gyda Benllech wedi ei ddifetha'n llwyr ac am byth gan glwy'r carafannau, y peth olaf yn y byd y mae Môn ei angen yw ymlediad y clefyd hwnnw. Gweithred o fandaliaeth gyhoeddus anfaddeuol oedd yn gyfrifol am yr hyn a welsom, gweithred na all yr un pwyllgor cynllunio na'r un cynghorydd sir ei chyfiawnhau.

Bu'r carafannau yn destun trafod yr holl ffordd adref, ond hyd yn oed wedi i ni gyrraedd, doedd dim modd dianc rhag y môr a'r problemau cynyddol sy'n effeithio arno. Yn ôl y newyddion roedd llongau pysgota Ffrengig wedi cau porthladd Cherbourg yn ystod y prynhawn er mwyn rhwystro'r llongau sy'n cludo teithwyr ar draws Môr Udd rhag dadlwytho. Craidd yr helynt oedd y cwota pysgod, gyda'r pysgotwyr yn cwyno fod eu bywoliaeth dan fygythiad. Ac mewn modd sy'n nodweddiadol o weithwyr milwriaethus Ffrainc roedden nhw'n defnyddio'r erfyn mwyaf grymus sydd ganddyn nhw i ddwyn pwysau ar y llywodraeth. Wrth gnoi cil ar brofiadau'r dydd a chysylltu hanes Cherbourg â'r ffaith nad oes penwaig ar ôl ym Moelfre bellach, ac nad yw bwyta cocos o dywod ymbelydrol y Traeth Coch yn beth doeth i'w wneud erbyn hyn, doedd dim modd osgoi'r ffaith fod y môr, fel pob rhan arall o'n hamgylchedd, dan fygythiad a'n bod ni, trwy ein hesgeulustod a'n trachwant, wedi gwneud ac yn parhau i wneud niwed dychrynllyd iddo.

Yn y gorffennol, roedd adnoddau'r môr yn ymddangos yn ddihysbydd, ddiddiwedd, ond mae tystiolaeth ddiweddar yn dangos bod pysgota diwydiannol didostur wedi dihysbyddu dwy ran o dair o holl bysgod y lefel droffig uchel yng ngogledd Môr Iwerydd. Y pysgod hyn, sydd gan mwyaf yn gigysol, yw'r rhai sydd ar ben y gadwyn fwyd forol. Os na fydd gweithredu ar fyrder, fe'n rhybuddir mai'r unig bysgod fydd ar ôl yw'r rhai sy'n bwydo ar blanhigion a ffytoplancton. Eisoes, mae'r penfras wedi diflannu oddi ar y *Grand Banks* a hynny wedi cael effaith ddifaol ar gymunedau arfordirol Newfoundland. Gobeithiai rhai y byddai'r cwtogi ar y pysgota yn arwain at adferiad y pysgodfeydd hynny, gan gyfeirio at yr hyn a ddigwyddodd ym Môr y Gogledd yn 1919, ar ôl i bresenoldeb llongau tanfor amharu ar waith y pysgotwyr. Ond ofer fu'r gobaith hwnnw. Bellach mae'r gwagle yng ngogledd yr Iwerydd wedi'i lenwi gan forloi sy'n amlhau'n frawychus o sydyn wrth iddyn nhw borthi ar y mân bysgod oedd gynt yn fwyd i'r penfras. Oherwydd y rheibio a fu, cafodd un o adnoddau mwyaf toreithiog y moroedd, un a fu'n cynnal cymunedau lawer am fwy na phum can mlynedd, ei ddinistrio. Nid yw pysgotwyr Ffrainc, na physgotwyr yn gyffredinol, yn ôl pob golwg, yn barod i dderbyn y gwirionedd hwnnw.

Yr un yw'r sefyllfa ym Môr y Canoldir a chlywyd sawl rhybudd y bydd holl bysgod tiwna'r môr hwnnw wedi diflannu os na fydd ffrwyno ar lefelau'r pysgota presennol. Yn nes adref, mae gwely'r môr a'r creaduriaid sy'n byw arno dan fygythiad enbyd. Dywedir bod darnau helaeth o wely Môr y Gogledd wedi eu troi'n anialwch morol gan longau pysgota enfawr sydd wedi bod yn llusgo rhwydi ar hyd ei wyneb. Mewn rhai achosion, mae'r rhwydi hyn gymaint â 120 metr o led a 15 metr o uchder ac yn ysgubo ac yn dinistrio cymunedau cyfan o fiota rhyfeddol gwely'r môr, megis llyngyr, sbyngau a chreaduriaid cramennog. Er nad oes iddyn nhw unrhyw werth masnachol mae'r creaduriaid hyn yn hanfodol i iechyd y moroedd. Cânt eu llusgo i'r wyneb yn y rhwydi, ynghyd â llawer o rywogaethau eraill nad oes gan bysgotwyr unrhyw syniad beth i'w wneud â nhw, cyn cael eu diosg a'u bwrw'n ôl i'r môr fesul tunnell. Gyda nhw, yn aml, mae talpiau o riffiau o gwrel y dyfnder, y *Lophelia pertusa*, cynefin i lawer ffurf ar fywyd morol. Dywedir bod y rhain wedi cymryd miloedd lawer o flynyddoedd i ymffurfio a bod eu dinistrio mor ddisyfyd yn gyfystyr â rhoi tarw dur ar waith i wastadu'r pyramidiau.

Oherwydd bod pysgod yn y moroedd arfordirol yn prinhau, mae'r llongau pysgota yn cael eu gorfodi i chwilio am brae yn y dyfroedd dyfnion tu hwnt i'r ysgafell gyfandirol. Yno, gyda chymorth cyfarpar electronig, maen nhw'n gallu dod o hyd i heidiau pysgod y dyfnderoedd ac yn sgil dal y rheini maent yn dal pob math o rywogaethau eraill anghyfarwydd nad oes modd gwneud defnydd masnachol ohonyn nhw. Wrth wneud hynny, maen nhw'n amharu ar ecosystemau na fu tarfu arnyn nhw erioed o'r blaen.

Ochr yn ochr â'r difrod a achosir gan longau pysgota o bob math, mae'r gwastraff diwydiannol a'r cemegau y mae dyn yn eu diosg mor ddifeddwl hefyd yn cael effaith ar wely'r môr. Mae hynny'n wir iawn am y riffiau cwrel sydd, yn ôl rhai, â'u heffaith ar y môr yn cyfateb i effaith y coedwigoedd glaw ar yr amgylchedd a'r hinsawdd. Gall un rîff gwrel gynnal cynifer â 3,000 o rywogaethau o blanhigion a chreaduriaid ar ffurf pysgod, molysgiaid, cramenogion, algâu'r môr a'r cwrel ei hun. Erbyn hyn mae 85 y cant o riffiau cwrel y byd wedi cael eu niweidio gan ddyn.

Yn ogystal, mae'r llygredd, ar ffurf carthion, maetholion, gwaddodion, pathogenau a halogyddion, yn creu 'parthau meirwon' yn y moroedd. Yn y rhain mae'r darwagio a fu ar lefelau'r ocsigen yn y dŵr yn golygu na all creaduriaid byw o unrhyw fath oroesi ynddo. Mae nifer parthau o'r fath ar gynnydd, a'r holl lygredd sydd ynddyn nhw yn golygu bod pysgod yn gyffredinol, a physgod cregyn yn arbennig, yn cael eu gwenwyno a'u difa.

Mewn llawer gwlad mae pysgotwyr wedi troi eu cefnau ar yr

hen ddull traddodiadol o bysgota ac wedi ceisio efelychu'r dulliau a ddefnyddir i ffermio ar y tir, sef yr union ddulliau y bu beirniadu arnyn nhw ac a arweiniodd at glefydau fel BSE. Dywedir bod oddeutu traean o'r holl bysgod a werthir mewn archfarchnadoedd bellach yn gynnyrch ffermydd pysgod, ond bu'r ansicrwydd diweddar ynghylch diogelwch yr eogiaid a fegir yn yr Alban yn rhybudd amserol i'r sawl sy'n gefnogol i rai o'r arferion a gysylltir â'r diwydiant hwnnw. Wrth iddyn nhw gael eu magu mewn cewyll enfawr sy'n cyfyngu ar eu symudiadau, mae'r deunydd gwastraff a gynhyrchir gan y pysgod yn cael ei waddodi ar wely'r môr o dan y cewyll gan ladd yr holl dyfiant sydd arno. I ddiogelu'r pysgod eu hunain rhag y clefydau sy'n amlhau oherwydd amodau eu magu, gorfodir eu perchenogion i ddefnyddio cymaint o gyffuriau gwrthfiotig nes bod olion y rheini wedi treiddio i bysgod cregyn, i wely'r môr ac i lif gwaed llawer o bobl y byd. Ac i wneud pethau'n saith gwaeth mae rhai o'r cemegau eraill a ddefnyddir i gadw'r eogiaid yn iach ac i droi eu cnawd llwydaidd yn lliw pinc yn garsinogenig.

Gan fod saith degfed ran o holl arwynebedd ein planed wedi'i orchuddio gan y moroedd, a chan fod y moroedd hynny, trwy gyfrwng eu rhyngweithiad gyda'r atmosffer, yn rheoli'r hinsawdd, mae eu diogelu ac ymorol am eu cyflwr yn fater o'r pwys mwyaf heddiw ac i'r dyfodol.

Enghraifft fechan o ffenomen ehangach o lawer yw'r hyn sydd i'w weld ar hyd yr arfordir rhwng Moelfre a Thraeth Llugwy.

# Caneuon y cof

I Gadeirlan Llanelwy heno i wrando ar Fine Arts Brass. Hon yw wythnos Gŵyl Gerdd Ryngwladol Gogledd Cymru. Y gynulleidfa'n denau yn ehangder oeraidd yr eglwys, a'r ychydig o eiriau Cymraeg o groeso a gafwyd ar y dechrau yn fawr mwy na gwell na dim.

Perfformwyr ysbrydoledig! Yn acwsteg glir y gadeirlan roedd seiniau'r offerynnau weithiau'n frwnt o galed yn y glust, ond roedd arddeliad a medrusrwydd yr offerynwyr yn gwneud mwy na iawn am hynny. I gerddoriaeth glasurol y neilltuwyd yr hanner cyntaf, a chlywsom Agorawd i *Candide* gan Bernstein, a 'Dawnsiau'r Haf' gan William Mathias. 'Casgliad o Alawon Cymreig' – *Quodibet* oedd y gair yn y rhaglen – gan Alun Hoddinott ac yna'r perfformiad cyntaf yng Nghymru o'r 'Pum Seren' gan Edward McGuire. Newidiwyd y cywair yn llwyr yn yr ail hanner ac fe'n cyfareddwyd gan raglen fywiog a diddorol o wahanol fathau o gerddoriaeth jazz.

Grŵp o gerddorion o ogledd Lloegr yw'r Fine Arts Brass, pedwar o ddynion ac un ferch. Yr hynaf ohonynt, a'u harweinydd, sef y trwmpedwr, Simon Lenton, oedd yn gyfrifol am gyflwyno'r eitemau. O'r cychwyn cyntaf, roedd hi'n amlwg ei fod yn gyfathrebwr tan gamp ac yn ŵr a chanddo ffordd hynaws ac apelgar o drin ei gynulleidfa. Llwyiodd y cyfan mewn modd diddorol a deheuig, gan egluro cefndir a hanes pob un o'r darnau cyn eu perfformio. Dim ond am y 'Casgliad o Alawon Gwerin' gan Hoddinott y teimlodd fod angen iddo ddweud gair ar ôl i'r grŵp ei berfformio.

Yr hyn a wnaeth o oedd gofyn i'r gynulleidfa a oedd unrhyw un ohonom wedi adnabod rhai o'r alawon a chwaraewyd. Ymhlith y rheini roedd alawon megis 'Dacw Mam yn dŵad' a

29

'Pedoli, pedoli'. Cwta ddwsin ohonom a gododd ein dwylo mewn ymateb iddo, ond roedd hynny'n ddigon i ddod â gwên i'w wyneb. 'Dro'n ôl,' meddai, 'pan ddaru ni chwarae'r un darn yng Nghaerdydd, doedd neb yn y gynulleidfa yn adnabod yr un o'r alawon!'

Tybed, felly, nad ydi plant Cymru, yn enwedig y rhai sy'n byw tu allan i'r ychydig froydd Cymraeg sy'n weddill, yn cael eu hamddifadu, mewn ffordd systematig a chwbl sinistr, o'u genedigaeth fraint gerddorol? Erbyn hyn, faint o blant Caerdydd, Casnewydd ac Abertawe, heb sôn am y Rhyl a Dinbych a Llanelwy, sydd yn gyfarwydd ag unrhyw alaw Gymreig? Yr hyn sy'n druenus drist yw'r ffaith fod angen i Sais ddod i Gymru i ddod â ni wyneb yn wyneb â'r realiti hwnnw.

Oni cheir newid, ac os bydd cerddorion tebyg i Fine Arts Brass yn dod i Lanelwy i chwarae alawon Cymreig ymhen hanner canrif arall, tybed nad yw'n anochel y bydd yr ymateb yno yr un ffunud â'r un a gafodd cerddorion y Fine Arts Brass yng Nghaerdydd dro'n ôl?

# Herio Simon Hoggart

Cefais fy nghythruddo gan erthygl yn y papur dyddiol heddiw am gynhadledd flynyddol y Blaid Dorïaidd. Colofn ddychanol, wedi'i hysgrifennu gan Simon Hoggart, oedd yn gyfrifol. Tybiaf fod Hoggart yn fab i Richard Hoggart, gŵr y bu ei gyfrol *The Uses of Literacy* yn ddylanwad pellgyrhaeddol ar sawl un ohonom yn y 1960au.

I Hoggart, fel llawer o weision y Wasg Seisnig a'r papurau a wasanaethant, testun i wamalu ac i fod yn sbeitlyd yn ei gylch yw Cymru, yr iaith Gymraeg a Chymreictod, testun y mae ef, AA Gill, Jeremy Clarkson, Janet Street Porter ac eraill yn troi ato i gael tipyn o hwyl pan nad yw eu colofnau'n debygol o gyrraedd eu lefel ysbrydoledig arferol.

Dros y blynyddoedd bu rhagfarnau hiliol y Bonheddwr Hoggart yn brigo i'r wyneb yn eithaf rheolaidd ac un enghraifft glasurol o hynny yw'r llith a ysgrifennodd yn 2002 ar achlysur ymweliad Aelodau Seneddol Sinn Fein â'r Senedd yn Llundain. Mae cywair ei sylwadau yn amlwg o'r frawddeg gyntaf ei lith. . .

> Daeth pedwar AS Sinn Fein i Lundain ddoe i hawlio eu *perks* fel aelodau'r senedd Brydeinig: swyddfeydd, ysgrifenyddesau, peiriannau ffacs a chyfle i brynu diodydd rhad, gan gynnwys Chardonnay dymunol o ffrwythus am £1.55 y gwydraid.

Yna mae'n mynd i hwyl. . .

> Wedi iddyn nhw gyrraedd y gynhadledd i'r wasg, dyma nhw'n dechrau gwgu. Dyna'r hyn rydych chi'n ei wneud pan ydych chi'n AS Sinn Fein – rydych chi'n gwgu. Gallai'r hogiau hyn wgu dros Iwerddon. . . Roedd eu gwgu yn dweud 'hwyrach eich bod chi wedi anghofio'r lladdfa yn Drogheda, Gwrthryfel y Pasg a'r Sul Gwaedlyd. Ond wnawn ni byth anghofio. . .'

31

Dechreuodd Mr Adams trwy siarad yn yr Wyddeleg. Yn ôl pob sôn, mae o'n siarad fersiwn bachgen ysgol o'r iaith, neu Wyddeleg y bwyty, mae'n debyg. Fel y Gymraeg, mae honno'n cynnwys llawer iawn o Saesneg. Digwyddais sylwi ar *'process'* a *'Tony Blair'* ac, yn rhyfeddol, *'Catholic'*; pam nad oes ganddyn nhw eu gair eu hunain am hynny?

Â'r erthygl yn ei blaen yn y cywair gwarthus hwn gan amlygu dyfnderoedd culni ac anwybodaeth Hoggart yn ogystal â dangos, er ei fod yn fab i ddyn a ysgrifennodd gyfrol bwysig am lythrennedd, ei fod yn ddifrifol o anllythrennog ac anoddefgar, nid yn unig yng nghyd-destun yr iaith Saesneg ond hefyd yng nghyd-destun yr ieithoedd eraill sy'n ceisio parhau i gyd-fyw â hi yn yr ynysoedd hyn.

Ceisiais ymateb trwy ysgrifennu llythyr i'r papur yn cwyno am y golofn dan sylw, ond gan mai i fasged ysbwriel rhyw is-olygydd yn rhywle yr aeth hwnnw, teimlais ei bod yn ddyletswydd arna i i ysgrifennu llythyr personol at Simon Hoggart ei hun.

Dyfynnaf ohono:

Mae siaradwyr y Gymraeg, fel siaradwyr y rhan fwyaf o ieithoedd y byd, yn gorfod byw mewn byd a ddominyddir yn llwyr ac yn llethol gan rym a dylanwad dirfawr y behemoth Eingl Americanaidd. Ni all y Gymraeg na'r Wyddeleg ynysu eu hunain oddi wrth y fath dra-arglwyddiaethu ac mae'n rhaid iddyn nhw newid os ydyn nhw am oroesi. Mae ganddyn nhw gymaint o hawl ag unrhyw iaith arall i fabwysiadu geiriau sy'n adlewyrchu'r bydoedd y mae'n rhaid iddyn nhw eu cynrychioli. Beth bynnag, fe fyddai'r rhan fwyaf o bobl nad ydyn nhw'n gwybod am y cyfoeth digymar a geir ynddyn nhw yn ymatal rhag gwneud sylwadau anwybodus amdanyn nhw.

Hwyrach y dylech chi geisio dod o hyd i ddigon o wrthrychedd i atgoffa eich hun bod y Saesneg, trwy gydol ei hanes, wedi bod yn iaith sydd wedi benthyca'n hael o ieithoedd eraill y byd a bod cyfran helaeth iawn o'r geiriau yng Ngeiriadur Rhydychen â gwreiddiau nad ydyn nhw'n Eingl-

Sacsoneg bur. Os ydych chi'n tybio bod y fath ffeithiau'n rhai anghysurus i chi, hwyrach y dylech chi ddechrau ysgrifennu eich colofn mewn Chausereg.

Afraid yw nodi na ddaeth ateb, a methiant hefyd fu pob ymdrech i ffonio'r Bonheddwr Hoggart.

Heddiw, wrth iddo ganoli sylw ei golofn ar gynhadledd flynyddol y Blaid Dorïaidd, daeth hen dueddiadau hiliol Simon Hoggart i'r amlwg unwaith yn rhagor. Ers rhai blynyddoedd bu anallu Michael Howard i gelu'r mymryn acen Gymreig sydd ganddo yn chwarel y cloddiodd Hoggart yn helaeth ynddi ond y tro hwn aeth ei synnwyr digrifwch tybiedig yn drech nag ef. Wrth iddo adrodd am un o areithiau Howard gwnaeth fôr a mynydd o 'Gymreictod' ei ynganu gan roi sylw hyd at ddiflastod i'r gair 'people' ac anallu Howard i'w ynganu mewn modd sy'n gymeradwy gan Hoggart.

Gan i mi deimlo mai hiliaeth noeth yw'r math yma o beth, ac na fyddai Hoggart wedi meiddio gwneud yr un peth petai acen Howard yn un yr oedd ôl un o ieithoedd y byd Mwslemaidd neu ardal y Caribî arni, penderfynais ei ffonio yn ei swyddfa yn San Steffan. Ei ymateb cyntaf, wedi i mi geisio mynegi fy safbwynt iddo yn y modd mwyaf cwrtais posibl oedd awgrymu y dylwn i brynu papur newydd gwahanol i'r un y mae ef yn gweithio iddo! Pan geisiais i barhau'r drafodaeth rhoddodd y ffôn i lawr.

Dyna ddrwg gorfod dibynnu ar bapur dyddiol Saesneg. Brysied y dydd y cawn ni ddarllen *Y Byd*!

# Bore gwlyb arall

Bore tywyll, anghysurus arall. Dyma'r pedwerydd neu'r pumed bore'n olynol i ni ddeffro a chlywed sŵn glaw ar ffenest y llofft. Tywydd digon ych a fi, a dweud y gwir, a'r haf wedi troi'n aeaf dros nos rhywsut, fel petai rhywun wedi anghofio rhoi hydref i ni eleni. *Newsnight* neithiwr yn llawn o sôn am yr etholiad yn America ac, wedi mynd i'r gwely, bûm yn darllen am yr awdur apocalyptaidd Americanaidd, Tim La Haye, un o arweinyddion y Ffwndamentalwyr Cristnogol yn y wlad honno. Yn un o'i nofelau mae La Haye yn dweud y bydd Duw yn trosglwyddo'r awenau sy'n rheoli'r tywydd i ddwylo Satan yn ystod y dyddiau olaf cyn diwedd y byd. Diffodd y golau a rhyw hen arswyd – yr un ffunud â'r un a'm llethai pan oeddwn i'n blentyn – yn cyniwair yn fy meddwl, a'r geiriau ysgytwol y bydden ni'n eu hadrodd fel plant cyn mynd i gysgu yn nofio i'r cof o ryw gilfach ddirgel:

> Os bydda i farw cyn y bore,
> Cymer, Iesu, fi'n dy freichiau.

Yn ystod y dyddiau diwethaf mae'r hinsawdd wedi cael mwy o sylw nag arfer yn fy mhapur dyddiol, a phawb ym mhobman, mae'n ymddangos, yn darogan gwae. Meysydd iâ ucha'r byd sy'n cael sylw heddiw, a'r erthygl, gan ohebydd sydd wedi'i leoli yn China, yn rhybuddio bod meysydd iâ ucha'r wlad honno yn dadmer mor gyflym fel eu bod nhw'n debygol o ddiflannu mewn llai na chan mlynedd. Bydd hynny'n codi lefel y môr, yn creu llifogydd ac yn troi llethrau ffrwythlon y mynyddoedd yn diroedd llwm a diffaith. Dros y 24 mlynedd diwethaf, mae gwyddonwyr China wedi mesur 5 y cant o grebachiad yn rhewlifoedd eu gwlad. Gan fod 46,298 o'r rheini, mae'r golled hon yn gyfystyr â cholli 1,158 milltir sgwâr o rew. Ac mae'r crebachu wedi cyflymu yn ystod y blynyddoedd diwethaf.

Erbyn hyn mae trafod yr hinsawdd a chyplysu hynny gyda chynhesu byd-eang wedi mynd yn rhyw fath o uniongrededd ac mae pob corwynt sy'n dinistrio rhannau o Florida neu bob cawod drom sy'n bygwth llifogydd yn Llanrwst yn cael eu gweld fel tystiolaeth ychwanegol gan y bobl sy'n arddel yr uniongrededd hwnnw. Yn sicr mae cynnal synnwyr persbectif yn ei gylch yn beth anodd, yn enwedig o gofio mai newydd-ddyfodiad yw dyn ar y blaned hon, a bod dod i farn wrthrychol ar sail byrhoedledd ein harhosiad yma yn fater difrifol o anodd.

Mae un sylwedydd wedi ceisio'n cynorthwyo i ddirnad hyd a lled hanes dyn ar y ddaear trwy awgrymu ein bod yn rhoi ein breichiau ar led ac yn ceisio dychmygu bod y rhychwant hwnnw, rhwng deupen eithaf ein bysedd, yn cynrychioli oed presennol y ddaear. Ar raddfa o'r fath dywed wrthym mai dim ond bacteria oedd yn byw ar y ddaear yn ystod y miliynau blynyddoedd a gynrychiolir trwy gychwyn o ben un bys, symud ar hyd un fraich, ar draws y corff ac yna ymlaen cyn belled â phenelin y fraich arall. O'r penelin hwnnw ymlaen dim ond creaduriaid syml eu ffurf oedd yn bod ac nid nes y cyrhaeddwn ni gledr y llaw, ym mhen eithaf y rhychwant, y down ni at y cyfnod pan oedd y deinosoriaid yn teyrnasu. Roedd hynny rhwng dau gan miliwn o flynyddoedd a saith deg miliwn o flynyddoedd yn ôl. Yn ôl un hanesydd cyfoes, dim ond ers rhyw saith neu wyth can mil o flynyddoedd y bu bodau dynol yn trigo ar y penrhyn tir sydd heddiw'n dwyn yr enw Ewrop. Byddai modd cynrychioli hynny, yng nghyd-destun ein llinyn mesur dychmygol, gan ymyl newyddaf yr ewin ar ben eithaf y bys hiraf. Am ran helaethaf yr holl filenia ers hynny, bu dyn yn byw yn Oes y Cerrig, sef yr Oes Baleolithig, yn defnyddio arfau o garreg a challestr ac yn ei gynnal ei hun trwy bysgota, hela a chasglu ffrwythau.

Dros y miliynau o flynyddoedd y bu'r blaned mewn bod, fe

welwyd newidiadau enfawr yn ei hinsawdd. Cyn i'r llenni rhew eu sefydlu eu hunain dros Begwn y De a Phegwn y Gogledd, tua dwy filiwn a hanner o flynyddoedd yn ôl, yr oedd tymereddau, ar gyfartaledd, yn amrywio rhwng 16°C a 23°C. Ers y cyfnod hwnnw bu sawl cyfnod o oeri a chynhesu. Yn ystod y cyfnodau oeraf, sef y cyfnodau rhewlifol, a barhaodd am gyfnodau maith – rhwng 50,000 ac 80,000 o flynyddoedd yr un – cafodd rhannau helaeth o Ogledd America, Ewrop ac Asia eu gorchuddio gan rewlifoedd. Ciliai'r rhain yn ystod y cyfnodau cynhesach, sef y cyfnodau rhyngrewlifol, a dueddai i barhau am ryw 10,000 o flynyddoedd.

Ers tua 700,000 CC y mae'r blaned wedi gweld saith cyfnod rhewlifol, neu 'Oes Iâ', yn mynd a dod. Yn ystod y cyfnod o gwmpas 18,000 CC y cyrhaeddodd yr 'Oes Iâ' ddiweddaraf ei hanterth. Dyma un o'r cyfnodau oeraf oll yn hanes y blaned, pryd y cwympodd y tymheredd i tua 10°C ar gyfartaledd. Ceir prawf o anwadalwch yr hinsawdd yn y cyfnod oddeutu 12,000 CC yn y creiddiau a godwyd o rew parhaol Gwlad yr Iâ. Yn y cyfnod hwn, ar ddiwedd y cyfnod rhewlifol olaf, y Pleisoten, ac ar drothwy'r cyfnod rhyngrewlifol cynnes presennol, gwelwyd tymereddau'n cwympo yn frawychus o sydyn. Mewn cyfnod o bum mlynedd neu lai gostyngodd tymereddau cyfartalog, a oedd fymryn yn is na'r rhai yr ydym ni'n gyfarwydd â nhw heddiw, o tua 27°F gan fwrw'r blaned yn ei hôl i ganol cyfnod a oedd yn ymylu ar y rhewlifol.

Yn 11,000 CC, felly, y cychwynnodd yr oes ryngrewlifol bresennol. Yn ystod y canrifoedd ers hynny fe arhosodd y tymheredd cyfartalog yn weddol sefydlog o gwmpas 15°C a phan oedd newid yn digwydd, newid bychan o un neu ddwy radd yn unig oedd hwnnw. Mewn dau gyfnod penodol, fodd bynnag, sef yr un a ddigwyddodd tua 6000 CC a'r un arall, diweddarach, a ddigwyddodd rhwng 800 OC a 1250 OC, pan newidiodd yr hinsawdd mewn modd arwyddocaol iawn, fe gynyddodd tymheredd cyfartalog y blaned o 1°C neu 2°C. Bu hynny'n ddigon i beri i lenni rhew'r Pegynau gilio ac i hinsawdd sawl un o'r gwledydd mwyaf gogleddol gynhesu a throi'n dymherus. Rhwng 1400 oc ac 1700 oc, mewn gwrthgyferbyniad llwyr, fe oerodd y ddaear yn sylweddol a chafwyd y cyfnod a adwaenir fel 'yr Oes Iâ fechan'. Yn ystod y tri chan mlynedd yma bu gostyngiad o tua 1°C yn y tymereddau cyfartalog ac yn sgil hynny fe ehangodd llenni rhew'r pegynnau unwaith eto. Gorchuddiwyd yr Ynys Las â rhew ac nid ar chwarae bach y llwyddodd lleiafrif o bobl rhanbarthau gogleddol Ewrop i oroesi. Ar ddiwedd y cyfnod cododd y tymereddau unwaith yn rhagor ac maent wedi aros yn bur sefydlog o gwmpas 15°C hyd y cyfnod presennol.

Am y rhan fwyaf o gyfnod arhosiad dyn ar y ddaear, bychan, yn gymharol, oedd ei nifer. Ar ddiwedd y cyfnod Paleolithig, er enghraifft, fe amcangyfrifir nad oedd cyfanswm poblogaeth y byd i gyd yn fawr mwy na rhyw bump neu chwe miliwn, sef tua 0.1 person ar gyfer pob milltir sgwâr o diroedd y byd, ac mai dim ond yn sgil dyfodiad y chwyldro amaethyddol, ar ddiwedd y cyfnod Neolithig, y gwelwyd y cynnydd arwyddocaol cyntaf. Yn ystod yr wyth mil o flynyddoedd a gynrychiolir gan y cyfnod hwn, fe dyfodd y cyfanswm yn sylweddol, fel ei fod, erbyn y flwyddyn 1000 cc, yn 150 o filiynau neu fwy, sef tua 2.6 person ar gyfer pob milltir sgwâr. Ond ar ôl hynny, oherwydd y newyn a'r heintiau marwol a dueddai i lesteirio unrhyw gynnydd cyson, cymharol araf fu'r cynnydd am y 2,500 mlynedd nesaf.

Bu'n rhaid disgwyl tan ddechrau'r ail ganrif ar bymtheg cyn i'r twf yn y boblogaeth gyflymu yn geometrig am yr eildro mewn hanes. Y Chwyldro Diwydiannol fu'n bennaf cyfrifol am hynny ac yn ei sgil fe ddyblodd poblogaeth Ewrop o 100 miliwn i 200 miliwn. Ochr yn ochr â hynny fe welwyd einioes pobl yn y gwledydd 'datblygedig' yn cael ei hymestyn wrth i ansawdd eu bywydau wella. Erbyn canol wythdegau'r ganrif ddiwethaf roedd cyfanswm poblogaeth y byd yn 4.8 biliwn ac ar ddechrau'r mileniwm presennol mae'r cyfanswm yn fwy na chwe biliwn – sef tua 42 person ar gyfer pob cilometr sgwâr o diroedd y ddaear. O ganlyniad i'r twf anhygoel hwn a'r gweithgarwch economaidd cynyddol a oedd yn rhwym o ddigwydd, dechreuodd dyn, am y tro cyntaf yn ei hanes, gael effaith arwyddocaol a byd-eang ar ei amgylchedd.

Mae i'r atmosffer dair rhan, sef y troposffer, y stratosffer a'r mesosffer. O'r rhain y troposffer, sef yr haen agosaf at wyneb y ddaear, yw'r un sy'n cynnwys oddeutu 75 y cant o holl nwyon yr atmosffer, ynghyd â chymylau o lwch ac anwedd. Yn y troposffer y mae pwysedd yr aer ar ei fwyaf gan fod disgyrchiant yn tynnu'r atmosffer tuag at y ddaear ac yn gwasgu y rhan fwyaf o'i bwysau yn yr haen isaf hon. Wrth i'r haul gynhesu wyneb y blaned y mae'n corddi'r holl elfennau sy'n bresennol yn y troposffer gyda'i gilydd gan greu'r hyn a elwir gennym ni yn dywydd. Amrywia dyfnder y troposffer o ryw bymtheg cilometr uwchlaw'r cyhydedd i ryw wyth cilometr uwchlaw Pegwn y Gogledd a Phegwn y De fel nad yw yn fawr mwy na deuddeg cilometr o drwch ar gyfartaledd. Y plisgyn tenau hwn, sy'n creu rhyw fath o 'dŷ gwydr' naturiol, sy'n cadw'r blaned yn gynnes ac yn cadw ei thymheredd tua 33°C yn uwch nag y byddai fel arall. Heb y twymo naturiol hwn ni fyddai'n gallu cynnal bywyd a'r holl amrywiadau o blanhigion a chreaduriaid sy'n ffynnu arni.

Bu cynnydd aruthrol yn economi'r byd rhwng 1850 a 1900 ac wrth i'r ugeinfed ganrif fynd rhagddi disodlwyd prif danwydd ffosil y ganrif flaenorol, sef glo, gan un arall, sef olew. Hwnnw, yn anad dim, a orseddodd y peiriant tanio mewnol fel yr un mwyaf pellgyrhaeddol ei ddylanwad mewn hanes. Erbyn heddiw mae'r ceir a'r awyrennau sy'n dibynnu arno yn rhan allweddol o fywyd trigolion y gwledydd datblygedig a hynny wedi arwain at dwf esbonyddol yn swm y nwyon tŷ gwydr sydd yn cael eu gollwng i'r atmosffer.

Erbyn ail hanner yr ugeinfed ganrif roedd anesmwythyd yn dechrau cyniwair ymhlith llawer iawn o wyddonwyr oedd â chonsýrn am yr amgylchedd wrth iddyn nhw ddechrau amau bod gweithgarwch dyn yn dechrau effeithio mewn ffordd amlwg ar yr hinsawdd. Mewn ymateb i'r anniddigrwydd cynyddol hwn y cynhaliwyd yr hyn a elwid yn 'ddiwrnod y ddaear' yn yr Unol Daleithiau yn 1970 er mwyn gwneud y cyhoedd yn fwy ymwybodol o faterion o'r fath. Y bwriad oedd rhoi mynegiant i'r pryder cynyddol a cheisio chwilio am atebion i rai o'r cwestiynau oedd yn codi wrth i'r cyfryngau roi mwy a mwy o sylw i faterion amgylcheddol. Caewyd drysau'r Gyngres yn Washington am y dydd a chymerodd mwy nag 20 miliwn o Americanwyr – yn fyfyrwyr, athrawon a swyddogion – ran yn y gweithgarwch. Fel canlyniad iddo, cynyddodd aelodaeth mudiadau amgylcheddol yn sylweddol ac erbyn diwedd yr un flwyddyn, mewn ymateb i ymgyrch lobïo ffyrnig, yr oedd Asiantaeth Diogelu'r Amgylchedd wedi'i sefydlu yn yr Unol Daleithiau. Un o brif gyfrifoldebau'r asiantaeth newydd a phwerus hon fyddai monitro'r atmosffer a cheisio mesur a phwyso'r effaith a gâi'r nwyon tŷ gwydr arno.

Rhwng 1980 ac 1990 fe gafwyd chwe blynedd gynhesaf y cyfnod modern, sef 1980, 1981, 1983, 1987, 1988 a 1989 ac o'r herwydd rhoddwyd yr enw 'y degawd tŷ gwydr' iddo. Gwelodd y gwyddonwyr a gredai fod modd priodoli'r newid hwn i weithgarwch dyn, ac i'r nwyon tŷ gwydr a ddeilliai o'r gweithgarwch hwnnw, fod hyn yn cadarnhau eu damcaniaethau.

Yn sicr fe fu'r 'prawf' hwn yn gyfrwng i roi hwb sylweddol arall i'r carfanau 'amgylcheddol' ac i fudiadau megis Greenpeace a Chyfeillion y Ddaear. Llifai tystiolaeth a ymddangosai'n gefnogol i'r rhai a welai'r hinsawdd yn newid o sawl cyfeiriad a gwnaed datganiadau cyhoeddus niferus ynghylch y sefyllfa gan lawer o academyddion. Yn 1985 rhybuddiodd dau wyddonydd oedd yn gweithio i Academi Genedlaethol y Gwyddorau yn UDA bod lefelau'r carbon deuocsid sydd eisoes wedi cronni yn yr amgylchedd yn rhwym o wneud i'r tymheredd godi o tua 2°C a bod y tueddiadau economaidd cyfredol yn sicr o achosi cynhesu ychwanegol.

Yn yr un flwyddyn, mewn cynhadledd ryngwladol a gynhaliwyd yn Villach, Awstria, dan nawdd y Cenhedloedd

Unedig, rhybuddiodd 29 o wyddonwyr amlwg fod 'hinsawdd gynhesach bellach yn anochel'. Wrth i'r ugeinfed ganrif dynnu at ei diwedd, rhoddodd sefydliadau gwyddonol ar draws y byd sylw cynyddol i'r atmosffer, yn enwedig yn sgil y sylweddoliad bod 40 y cant o ostyngiad yn nwyster yr haen oson dros yr Antarctig ac mai'r cemegau synthetig, megis clorofflworocarbon (CFC), oedd yn bennaf cyfrifol am hynny. Canfuwyd bod un moleciwl o'r ddau fath mwyaf cyffredin yn y cemegyn hwn yn gyfwerth, o ran eu grym 'tŷ gwydr', â 10,000 moleciwl o $CO_2$.

Yn ei gyhoeddiadau swyddogol, datganodd Panel Rhynggenedlaethol y Cenhedloedd Unedig ar Newid yn yr Hinsawdd, 'fod swm y dystiolaeth yn awgrymu bod dylanwad dyn ar yr hinsawdd yn amlwg'. Roedd y datganiad hwn, a wnaed ar ran 2,600 o wyddonwyr mwyaf blaenllaw'r byd, yn rhag-weld y byddai newid o'r fath yn peri i glefydau gael eu lledaenu [50 miliwn yn rhagor o achosion o falaria bob blwyddyn], i lefelau'r môr godi ac i stormydd a chorwyntoedd gynyddu o ran eu nifer a'u grym.

Ceisiwyd mynd i'r afael â'r sefyllfa mewn cynhadledd ryngwladol a gynhaliwyd yn Kyoto, Japan, yn 1997. Ar ôl blynyddoedd o ymgyrchu caled gan y Cenhedloedd Unedig daeth cynrychiolwyr 160 o wledydd y byd at ei gilydd i drafod sut y gellid gostwng lefelau allyriannau nwyon tŷ gwydr. Gan geisio ystyried y gwahaniaethau enfawr sy'n bodoli o ran gradd treuliant ynni yng ngwahanol wledydd y byd fe luniwyd cytundeb a fyddai'n ymrwymo llywodraethau'r gwledydd diwydiannol i ostwng y lefelau hyn o 5 y cant yn is na'r lefelau oedd yn bodoli yn 1990 a chyrraedd y targed hwnnw erbyn 2008. Wrth osod y nod hwn cydnabuwyd y problemau arbennig a wynebai'r gwledydd llai datblygedig, a sefydlwyd Cronfa Atmosfferig y Byd er mwyn ceisio eu datrys. Roedd disgwyl i'r gronfa hon gael ei noddi trwy osod 'treth garbon' ar y gwledydd datblygedig er mwyn ceisio eu darbwyllo i fod yn fwy darbodus yn eu defnydd o danwyddau ffosil. Er mai dim ond 4 y cant o boblogaeth y byd sy'n byw ynddi, ac er mai hi yw'r wlad sy'n darwagio'r gyfran fwyaf [25%] o ddigon o'r nwyon tŷ gwydr i'r atmosffer, o du cynrychiolwyr UDA y daeth y protestio mwyaf yn erbyn y cyfyngiadau arfaethedig. Yn y diwedd gwrthododd y wlad honno arwyddo'r cytundeb.

Ond nid oedd pawb yn derbyn bod pryderon y gwyddonwyr yn rhai dilys. Yn wir, fe welai rhai yr holl sôn am gynhesu byd-eang fel rhyw fath o gynllwyn gan y sefydliad gwyddonol i sicrhau arian i wneud gwaith ymchwil ar yr hinsawdd. Yn nhyb llawer o gwmnïau a chorfforaethau mawrion, yr oedd argymhellion Kyoto yn fygythiad enbyd i'w parhad a'u ffyniant. Mynegodd un corff sy'n siarad ar ran byd busnes yn UDA, sef Sefydliad George C. Marshall, amheuon ynghylch yr holl syniad o gynhesu byd-eang gan honni: '. . . mae'n bosibl mai cyfuniad o amrywioldeb naturiol a solar sydd wrth wraidd yr holl gynnydd yn y tymheredd a welwyd ers 1880 ac mai bychan yw cyfraniad yr effaith tŷ gwydr'. Gan ddefnyddio damcaniaeth a luniwyd gan yr astroffisegydd Serbaidd, Milankovitch, roeddent yn mynnu bod orbit y ddaear yn newid o fod yn gylch perffaith i fod yn ffurf eliptigol a bod y newid hwn yn ei ailadrodd ei hun dros gyfnod o 100,000 o flynyddoedd. Ar ben hyn y mae gogwydd y ddaear at yr haul yn amrywio rhwng 65.6 gradd a 68.2 gradd a thyniad y lleuad hefyd yn cael effaith ar y ddaear a'i hinsawdd. Fel Milankovitch roeddent yn awgrymu mai'r amrywiadau hyn sydd i gyfrif am y cyfnodau rhewlifol a rhyngrewlifol sydd wedi effeithio ar y ddaear o'r cychwyn.

Mae Sefydliad Petrolewm yr Unol Daleithiau, corff arall y byddai gan ei noddwyr lawer iawn i'w golli petai Cytundeb Kyoto yn cael ei wireddu, hefyd yn amau holl sail dadleuon y rhai sy'n darogan gwae. Mae'n pwysleisio bod ffactorau naturiol yn cael mwy o effaith o lawer ar yr hinsawdd nag unrhyw ymyrraeth bitw gan ddyn. Mynnant mai dim ond tua 5 y cant o'r nwyon sy'n gyfrifol am gynhesu'r atmosffer sy'n cael eu cynhyrchu fel canlyniad i weithgarwch dyn a dadleuant mai canlyniad i'r cynhesu sydd wedi digwydd ac nid ei achos yw'r cynnydd a welwyd yn y carbon deuocsid a'r nwyon tŷ gwydr eraill sydd yn yr atmosffer. I ychwanegu at rym eu dadleuon maent yn rhestru'r effaith negyddol y byddai gweithredu Cytundeb Kyoto yn ei gael ar economi UDA: . . . 'bydd Kyoto yn ychwanegu'n frawychus at gostau defnyddwyr America. Mae Gweinyddiaeth Ynni UDA, sydd yn asiantaeth ffederal, yn dweud y byddai cyfanswm cost Kyoto wedi bod yn gyfwerth â 454 biliwn o ddoleri. Byddai hynny'n golygu cost o tua $1,500 i bob person bob blwyddyn, neu $4,100 i'r rhan fwyaf o deuluoedd. O'r herwydd byddai prisiau nwyddau sylfaenol yn codi; gasolin o tua 66 cent y galwyn . . . Tra byddai aelwydydd America yn gwylio prisiau yn mynd i'r entrychion byddai dinasyddion y gwledydd llai datblygedig, sydd wedi cael eu heithrio o ofynion protocol Kyoto, yn cael osgoi gwneud unrhyw aberth.'

I rywun sy'n ceisio dilyn y safbwyntiau gwrthgyferbyniol hyn ac yn ceisio cynnal synnwyr persbectif yn eu cylch, mae toreth yr wybodaeth sydd ar gael yn ddryslyd ac yn heriol, ond os nad oes consensws llwyr i'w ganfod ymhlith gwyddonwyr ac os nad yw'r corfforaethau mawr yn fodlon derbyn bod unrhyw beth o'i le, y mae'r farn gyhoeddus yn gwyro'n bendant i gyfeiriad ochri gyda'r rhai sy'n ymboeni am y sefyllfa. Er y gellid dadlau bod y farn honno yn oddrychol ac nad oes iddi bersbectif tymor hir, y mae hi'n seiliedig ar ddylanwad uniongyrchol yr hinsawdd ar fywydau unigolion a chymunedau. Yn sicr y mae hi'n adlewyrchu'r hyn sydd bellach yn realiti ym mywyd llawer o drigolion y byd.

Un ffordd o feddwl am y peth yw synio am yr holl ddeunydd ffosiliau a waddodwyd dros y milenia pan ffurfiwyd ein planed. Mewn fawr mwy na chanrif mae'r ddynoliaeth wedi ysbeilio'r rhan fwyaf o'r gynhysgaeth honno ac wedi trosglwyddo rhannau helaeth o'r elfennau oedd yn perthyn iddi i'r atmosffer. Ni fyddai'n rhesymol disgwyl i unrhyw ecosystem sensitif, a gymerodd filiynau o flynyddoedd i gyrraedd rhyw fath o gydbwysedd, beidio ag ymateb mewn rhyw ffordd i'r fath ymyrraeth gan ddyn.

Erbyn hyn ceir hanesion am stormydd ac am dywydd na phrofwyd dim tebyg iddo erioed o'r blaen o bob cwr o'r blaned. Yn rhanbarthau mwyaf cras cyfandir Affrica mae llai a llai o law yn disgyn. Bellach y mae'r math ar sychder a fyddai'n debygol o ddigwydd unwaith bob deugain mlynedd yn digwydd bob pedair neu bum mlynedd. Ar Is-gyfandir India caiff yr ardaloedd mwyaf poblog a'r mwyaf cynhyrchiol yn amaethyddol, sef dyffrynnoedd yr Indus, y Ganges a'r Bramhaputra, eu bygwth gan lifogydd na welwyd eu tebyg erioed o'r blaen. O'r ochr arall y mae lefelau'r cefnforoedd yn codi, gan fygwth boddi'r dyffrynnoedd hyn a'u difetha'n llwyr. Cafwyd rhagflas o'r hyn all ddigwydd yn y llifogydd enbyd a achosodd y fath ddinistr yn Bangladesh yn 1999. Yn ddiweddar, ar un o raglenni radio *Costing the Earth* y BBC, rhybuddiodd Gweinidog Amgylchedd Bangladesh y bydd ugain miliwn o'i gydwladwyr tlotaf yn cael eu gwneud yn ffoaduriaid os caiff ofnau'r gwyddonwyr sy'n darogan cynhesu byd-eang pellach eu gwireddu. Yn Mozambique, yn Chwefror 2001, fe wnaed 300,000 o rai o bobl dlotaf y byd yn ddigartref gan lifogydd na welwyd mo'u tebyg cyn hynny.

Er bod rhyw eironi rhyfedd yn perthyn i'r ffaith mai'r gwledydd mwyaf prin eu defnydd o danwyddau ffosil yw'r rhai sy'n debygol o orfod dioddef y caledi mwyaf, nid yw'r gwledydd datblygedig wedi dianc yn hollol ddianaf, chwaith. Daeth stormydd troad y mileniwm yn Ffrainc i atgoffa trigolion Gogledd Ewrop nad oes unman ar y blaned, mewn gwirionedd, yn cynnig dinas noddfa. Yno, rhwng y Nadolig a'r flwyddyn newydd, cafwyd gwyntoedd a gyrhaeddodd gyflymder o fwy na 100mya am ddwy noson ac fe wnaed difrod a fydd yn costio mwy na £7.5 biliwn i'w gywiro. Difrodwyd adeiladau, bu mwy nag wyth miliwn o bobl heb gyflenwad trydan am ddyddiau a chafodd tirwedd ardaloedd eang, yn nwyrain a de-orllewin y wlad, ei hanrheithio. Collwyd rhwng 260 a 300 miliwn o goed ac amcangyfrifir y bydd yn cymryd mwy na 200 mlynedd i ail-greu'r coedwigoedd a ddifrodwyd. Llygrwyd cannoedd o gilometrau o draethau Llydaw gan yr olew a gollwyd o dancer a suddodd yn rhyferthwy'r un storm.

Yn yr Ynysoedd hyn, hefyd, cawn ein hatgoffa'n feunyddiol, bron, am y modd y mae patrymau tywydd cyfarwydd yn newid. Bellach, dim ond pobl hŷn sy'n cofio'r math o aeafau a welir ar gloriau cardiau Nadolig. Yn ne a chanolbarth Lloegr, dros y 40 mlynedd diwethaf, bu traean o ostyngiad yn nifer y nosweithiau pan gwympodd y tymheredd yn is na'r rhewbwynt. Yng ngogledd Lloegr yr oedd yn arferol i ddyfroedd Llyn Windermere rewi ar o leiaf ddeg achlysur ymhob blwyddyn. Ni welwyd rhew ar wyneb y llyn ar unrhyw achlysur er 1989. Yn Nyfnaint, yn 1999, roedd cennin Pedr yn eu blodau ar Ragfyr 14.

Yn ddiweddar, rhybuddiodd y daearegwr Dr Charles Harris o Goleg Prifysgol Cymru, Caerdydd, fod y cynnydd mewn tymereddau yn cael effaith andwyol ar bridd y ddaear ei hun a hynny, yn ei dro, yn effeithio ar y rhew parhaol sy'n gorchuddio copaon mynyddoedd megis yr Alpau. Bu cynnydd o un radd yn nhymheredd y rhew hwn yn ystod y 1990au ac mae arbenigwyr yn poeni y gallai parhad yn y duedd hon achosi tirlithriadau enbyd a thrychinebus yn y dyfodol. Mae gwyddonwyr eraill wedi cael eu brawychu gan y ffaith fod yr haen o rew sy'n gorchuddio'r Arctig wedi teneuo'n enbyd yn ystod y ddau ddegawd diwethaf. Yn Alaska mae'r rhewlifoedd yn dadmer a'r dyfroedd oer sy'n deillio o hynny yn peryglu parhad Llif y Gwlff sydd ar hyn o bryd yn cynhesu Ynysoedd Prydain. Yn Siberia mae'r rhew parhaol a fu'n gorchuddio'r ddaear am filoedd o flynyddoedd yn cilio a'r nwy methan sydd yn gaeth oddi tano yn cael ei ryddhau i'r atmosffer, gan ddwysáu'r broblem.

Mewn sefyllfaoedd lle mae elfennau o berygl yn bygwth unigolyn, cymuned, neu wlad, y duedd naturiol yw ceisio eu hwynebu trwy gynllunio dulliau o weithredu er mwyn eu lliniaru. Gwneir sefyllfa bresennol y byd yn fwy dyrys am fod rhyw elfen o ansicrwydd yn perthyn iddi ac am nad oes neb yn gwybod i sicrwydd beth yw gwir faintioli'r perygl. Fel y gwelwyd, ffactorau naturiol, tu hwnt i ymyrraeth dyn, a fu'n gyfrifol am achosi i'r hinsawdd newid yn ddisyfyd sawl gwaith yn ystod hanes y blaned, ond erbyn hyn, prin yw'r bobl sydd am wadu na wnaeth dyfodiad dyn effeithio arni mewn ffordd wahanol a newydd.

Wrth geisio edrych i'r dyfodol anodd yw proffwydo sut y bydd y sefyllfa'n datblygu a sut y bydd y gwledydd yn ymateb. Mynegiant o ansicrwydd a diffyg hyder llywodraethau'r byd wrth iddynt geisio wynebu'r argyfwng oedd Cynhadledd Kyoto, er enghraifft, ac er nad oedd y nodau a fabwysiadwyd fel canlyniad iddi yn rhai uchelgeisiol iawn ac er na chawsant eu gwireddu hyd yma, y maent, yn nhyb rhai, yn cynrychioli rhyw fath o obaith ac yn symbol o'r awydd sydd ar led ymhlith llywodraethau'r byd i ddechrau wynebu realiti'r sefyllfa amgylcheddol. Yn y cefndir, hefyd, y mae lleisiau eraill i'w clywed, lleisiau sy'n crefu am fesurau mwy radical o lawer; lleisiau sy'n dweud bod targedau Kyoto yn chwerthinllyd o isel ac sy'n benderfynol o gael eu maen i'r wal, doed a ddelo. I'r bobl hyn, mae sicrhau cyfiawnder a thegwch yn y byd yn gyfystyr â sicrhau nad oes yr un unigolyn na'r un wlad na'r un cwmni rhyngwladol yn meddu ar hawl ddwyfol i ddefnyddio mwy na'u cyfran deg o ynni, nac i weithredu mewn modd sy'n anwybyddu buddiannau a lles y blaned gyfan.

Rhoddwyd mynegiant i wir ddifrifoldeb y sefyllfa gan yr Athro George Monbiot, a ddywedodd yn ddiweddar mai

yr unig ddewis yw cwtogi ein treuliant o garbon, nid o 10 y cant neu 20 y cant fel y mae'r gwledydd cyfoethog yn mynnu, ond o 90 y cant yn ystod y deng mlynedd nesaf. Gall fod hyn yn swnio'n amhosibl, ond prin bod yr un math o weithgarwch economaidd nad oes modd cwtogi arno i'r graddau hyn, a hynny heb achosi niwed i safonau byw . . . Yr hyn y mae gofyn amdano yw meddwl yn radicalaidd, mewn ffordd nad oes yr un llywodraeth wedi meiddio gwneud hyd yn hyn; rhoi'r Cynnyrch Gwladol Crynswth o'r neilltu fel mynegai ein llwyddiant, sefyll yn gadarn a wynebu lobïau corfforaethol mwyaf pwerus y byd ac ailreoli'r farchnad i orfodi cynhyrchwyr a defnyddwyr i gario eu costau eu hunain. Oes yna unrhyw lywodraeth sy'n ddigon eofn i wneud hynny? Oes yna unrhyw lywodraeth sy'n ddigon eofn i beidio?

Mae cwestiwn Monbiot yn amserol a phriodol. Gall y bydd hyd arhosiad byrhoedlog dyn ar y blaned hon yn dibynnu ar y modd y caiff ei ateb.

# '. . . gwael yw'r gwedd'

Mae gen i atgofion chwerw felys am dref y Rhyl. Yno'n blentyn y cawn i, fel miloedd o Gymry bach Anghydffurfiol eraill, fy nghludo i fod ym mhresenoldeb pleserau anhygoel o gynhyrfus, afreolus a sobor o apelgar. Yno, dan ofal athrawon Ysgol Sul yr oedd eu dillad duon yn drewi o *mothballs*, y caem ni ein blas blynyddol ar y candifflos oedd yn gludo'n bysedd ynghyd yn fwy effeithiol nag unrhyw *Superglue*. Yno y cefais i fynd ar gefn ceffyl am y tro cyntaf yn fy mywyd ac yno y llwyddais i i fagu digon o asgwrn cefn i fentro ar drên oedd am ddod â mi wyneb yn wyneb ag ysbryd am y tro cyntaf. Ar bromenâd y Rhyl, pan ychwanegwyd haen o wyn at het ddu fy athro Ysgol Sul, y sylweddolais i fod yn y dref honno rywogaeth o wylanod môr oedd wedi cael hyfforddiant mewn ysgol fomio.

Mae mynd i dref y Rhyl heddiw yn brofiad pur wahanol i hynny. Os bu llewyrch arni rywbryd, mae hwnnw wedi hen gilio a bellach mae hi'n un o'r trefi mwyaf trist a digalon yng Nghymru gyfan. Mae ymweld â'i phen gorllewinol yn hafal i deithio trwy rai o gymoedd mwyaf amddifadus y De ac os oes angen tystiolaeth ar rywun i ddangos hyd a lled difrawder ein gwleidyddion a'r drefn y maent mor ufudd iddi, dyma'n wir yw'r lle i ddod.

Aeth pethau ar y goriwaered yn ddifrifol yn y dref yn ystod heth hir Thatcheriaeth. Daeth fflyd o archfarchnadoedd i gyrion y dref ac, yn eu sgil, farwolaeth araf i'w chanol. Caeodd y siopau bara, y siopau cig, y siopau tunman a'r siopau bach eraill a fu'n diwallu mân anghenion y boblogaeth ers cenedlaethau gan adael cynhysgaeth o siopau gweigion â'u ffenestri wedi'u malurio neu wedi'u byrddio a'u gorchuddio â graffiti. Gydag amser bachwyd y rhai oedd yn y safleoedd gorau gan y cwmnïau a fanteisiodd ar benderfyniad y Torïaid i beidio â chyflenwi sbectols trwy'r Gwasanaeth Iechyd, ac, am gyfnod, Stryd Fawr y Rhyl oedd Mecca sbectols y byd. Bachwyd rhai o'r lleill gan glwy o Gymdeithasau Adeiladu o'r ochr arall i'r ffin a'r gweddill gan elusennau fel Oxfam, Cymorth Cristnogol ac eraill oedd yn cael eu hysbrydoli gan gŵn amddifad neu gan yr angen i gynnig ymgeledd i gathod oedd yn dioddef gan glwy'r marchogion. Erbyn hyn mae cenhedlaeth arall o siopau wedi ymddangos, sef y siopau sothach. Gellir adnabod y rhain trwy chwilio am ffenestri sy'n arddangos Jac yr Undeb.

I wneud pethau'n saith gwaeth, ac er mwyn cuddio'r môr o olwg y Stryd Fawr, llwyddodd Cyngor Rhuddlan i godi'r hyn a elwir yn 'Bentref y Plant' ar y Promenâd, gan wario mor anghyfrifol wrth wneud hynny nes eu bod nhw wedi creu dyledion a fu'n llethu'r Cyngor Sir Ddinbych presennol am flynyddoedd. Mae pensaernïaeth y greadigaeth ysbrydoledig hon yn waeth nag erchyll, ei lleoliad yn gwbl amhriodol a'i phwrpas yn ddirgelwch llwyr i bawb ond y swyddogion hynny sy'n cael eu cyflogi i ddenu mwy o dwristiaid i'r cylch.

Pan ddaeth Llafur Newydd i rym yn 1997, credai rhai ohonom, yn ein naïfrwydd mawr, y byddai pethau'n gwella. Cawsom addewidion di-ri, a chyn i Gordon Brown wneud ei fisdimanars gydag arian Amcan 1 ac i MI5 godi'r ffôn a chysylltu gyda ffotograffwyr y *Sun* er mwyn tanseilio Ron Davies, roedd haul fel petai'n bygwth bod ar fryn. Ond nid felly y bu, ac yn rhifyn yr wythnos hon o'r *Cymro*, mae cyfweliad rhwng Myfanwy Griffiths, un o staff y papur, ac AC Etholaeth Dyffryn Clwyd. Fel y byddai rhywun yn ei ddisgwyl, mae'r aelod dan sylw, sy'n hanu o'r Rhyl, yn gofidio am gyflwr y dref ac yn cydnabod mai ei Ward Gorllewinol yw'r un fwyaf amddifadus yng Nghymru gyfan. Mae dwy o wardiau eraill y dref hefyd yn ymylu ar fod yn yr un cyflwr er na wnaeth hi gyfeirio at hynny. Yn ôl yr erthygl dan sylw mae hi'n honni bod

Ward y . . . 'Gorllewin wrthi'n datrys ei phroblemau. Yr hyn sy'n rhaid i ni ei wneud yn awr yw brwydro yn erbyn y perchnogion tai sy'n gwneud arian trwy gadw pobl mewn slymiau'.

Er mai at landlordiaid preifat y mae hi'n cyfeirio, nid yw'n sôn gair am obsesiwn presennol ei phlaid gyda phreifateiddio, am sêl ei phlaid dros werthu tai cyngor ac am ymdrechion Llywodraeth y Cynulliad i geisio trosglwyddo hynny o dai'r sector cyhoeddus sydd yn weddill o ofal awdurdodau lleol. Y tai hyn, wedi'r cyfan, sy'n cynrychioli unig obaith llawer o bobl dlotaf ein cymdeithas i gael unrhyw fath o do uwch eu pennau a dianc o grafangau landlordiaid preifat ar yr un pryd. Roedd yr AC yn dawedog iawn hefyd ynghylch y ffaith fod cyflwr stoc tai Cymru gyda'r salaf yn y Gymuned Ewropeaidd ac mai hynny, mae'n debyg, yw'r prif reswm pam mai pobl o Gymru oedd cyfran helaeth o'r 21,500 o bobl dros 65 oed a fu farw o oerni yn eu cartrefi yng Nghymru a Lloegr y gaeaf diwethaf. Wnaeth hi, chwaith, ddim crybwyll y ffaith fod un tŷ allan o bob pedwar ym Mhrydain mewn cyflwr gwael ac na ellir synio amdanynt fel lleoedd gweddus i bobl fod yn byw ynddynt.

Mewn llyfr o'r enw *The Class Divide in Britain*, mae'r awdur, Ferdinand Mount, yn sôn am y broblem sy'n wynebu unrhyw un sy'n awyddus i drafod tlodi ac anghyfartaledd, gan awgrymu bod rhywun sy'n byw ar incwm sy'n is na 60 y cant o'r canolrif yn dlawd. Yng nghyd-destun y Rhyl yn benodol, nid yw'r amddifadedd sy'n nodweddu rhannau o'r dref yn amddifadedd y gellir ei gymharu â'r hyn y mae'r rhagor na'r 4 biliwn hwnnw o boblogaeth y byd sy'n byw ar lai na $4 y dydd yn dioddef ohono, ond y mae, serch hynny, yn rhywbeth y dylai'n gwleidyddion a'n cymdeithas gywilyddio yn ei gylch. Yr hyn sy'n drist ynghylch y Rhyl a'r Ynysoedd hyn yn gyffredinol yw'r gagendor cwbl amlwg a chynyddol sy'n bodoli rhwng y rhai mwyaf llewyrchus a'r rhai tlotaf a bod cred gyffredinol mai sefyllfa anochel yw honno.

Tra ei bod hi'n anodd synio am unrhyw wlad na chymdeithas sydd yn gwbl gyfartal ym mhob ystyr, y mae llawer iawn o dystiolaeth sy'n dangos ei bod yn gwbl ymarferol i chwennych sefyllfa lle mae cyfoeth gwlad yn cael ei rannu'n fwy teg a lle mae gwleidyddion yn ymgyrchu o ddifrif – er gwaethaf y *Daily Mail* a'r *Daily Telegraph* – i sicrhau hynny.

O safbwynt iechyd, mae anghyfartaledd yn ddifaol ei effeithiau a hynny sy'n gyfrifol am y gagendor enfawr rhwng einioes pobl mewn gwahanol rannau o'r byd. Nid oherwydd eu bod yn bwyta pysgod amrwd ac aeron y mae pobl Sweden a Japan yn byw yn hwy na phobl unrhyw wlad arall yn y byd, ond oherwydd mai eu gwledydd hwy yw'r rhai mwyaf cyfartal yn y byd. Mae Richard Wilkinson, a wnaeth astudiaeth ysgolheigaidd o effeithiau anghyfartaledd ar iechyd, wedi mynegi'r peth fel hyn:

> Rydyn ni wedi arfer â theimlo dicter oherwydd y modd y mae pobl yn cael eu cam-drin mewn gwledydd lle mae pobl yn cael eu carcharu heb gael eu rhoi ar brawf, yn cael eu poenydio neu'n diflannu, ond mae anghyfartaledd mewn iechyd yn lladd llawer mwy.

Yn ardaloedd mwyaf llewyrchus yr Unol Daleithiau, er enghraifft, gall bachgen gwyn 17 oed ddisgwyl cael byw nes y bydd yn ei 70au. Ni all bachgen du o'r un oed sy'n byw mewn ardal dlawd obeithio gweld ei ben-blwydd yn 60.

Ond mae effeithiau anghyfartaledd yn fwy pellgyrhaeddol o lawer na hynny ar y bobl sydd ar y gwaelod. Eto awgrymodd Wilkinson ei fod yn ffactor amlwg yng nghyraeddiadau addysgol plant, ac er bod llawer i addysgwr yn honni mai'r hyn sydd ei angen i gynorthwyo plant o gefndiroedd tlawd yw gwell adeiladau, rhagor o lyfrau, brecwast yn yr ysgol a chlybiau diwedd dydd, rhagor o gwnslo a gwyliau ar lan y môr, yr unig beth all wneud gwir wahaniaeth iddynt yw rhagor o arian.

Yn yr un modd mae tlodi yn achosi tyndra mewn teuluoedd, yn effeithio ar hunanddelwedd pobl ac yn amharu'n ddirfawr ar gydlyniad cymdeithasol. Mae un arolwg a wnaed yn y 90au wedi dangos bod teuluoedd oedd yn ceisio byw ar lai na £10,000 y flwyddyn ddwywaith yn fwy tebygol o gweryla ymysg ei gilydd na theuluoedd ar £20,000 neu fwy.

Os cerddwch chi strydoedd y Rhyl heddiw, cewch weld tystiolaeth o'r holl bethau hyn o flaen eich llygaid.

# 'Draw draw yn China'

I siop Argos yn y dref heddiw i brynu gwefrwr i gadw batri'r garafán yn iach dros y gaeaf. Un o broblemau dyrys bywyd dyn dosbarth canol sy'n byw yn y byd 'datblygedig', breintiedig.

Gall y byd i gyd fynd i mewn trwy byrth croesawus Argos, yn grediniol bod yno fargeinion i'w cael bob amser. Ac maen nhw yn llygad eu lle, oherwydd mae bron i bopeth sy'n cael ei werthu gan y cwmni hwn yn dod o'r Dwyrain Pell. Does dim ond angen sefyll yn y siop am ychydig funudau i weld y peth. Bocsys teganau, bocsys teleffonau, bocsys setiau teledu, bocsys celfi garddio yn ymddangos ar y cownter gyda'r geiriau 'Made in China', 'Made in Thailand' neu 'Made in Indonesia' ar bob un. Byddai gweld bocs a 'Made in Wales' arno yn ddigon i ddychryn rhywun am ei fywyd.

Llwyddiant y farchnad rydd sydd i gyfrif am amrywiaeth y bocsys hyn sydd bellach yn mynd a dod ar draws y gwledydd. Yn ôl rhai, mae gwreiddiau'r farchnad honno cyn hyned â phobl fel Syr Harri Morgan a Syr Francis Drake a aeth ati, ganrifoedd yn ôl, i ymarfer lladrata ar lefel ryngwladol. Byddai eraill o'r un anian yn ein hatgoffa am y farchnad mewn caethweision a ddaeth â'r fath elw i rai o wledydd Ewrop neu am y modd y llwyddodd diwydiannau'r ynysoedd hyn i ddanseilio hen ddiwydiannau India, gan greu tlodi affwysol yn y wlad honno yn ystod blynyddoedd mwyaf llewyrchus yr Ymerodraeth Brydeinig. Byddai eraill yn dweud nad oes angen turio'n ôl cyn belled â hynny yn y llyfrau hanes, ac yn ein hannog, yn hytrach, i edrych ar Indonesia a'r hyn a ddigwyddodd yno yng nghanol chwedegau'r ganrif ddiwethaf.

Pan lwyddodd gwasanaethau cudd Prydain ac UDA i greu terfysg cymdeithasol yn Indonesia yn 1965–66 fe ddisodlwyd yr Arlywydd Sukarno mewn *coup*. Am rai blynyddoedd cyn hynny, bu Sukarno yn ddraenen yn ystlys rhai o wledydd y Gorllewin trwy fynnu mai buddiannau Indonesia ac nid rhai'r gwledydd datblygedig oedd yn cael blaenoriaeth. Gafaelwyd yn awenau'r wlad gan y fyddin, a chan filwr arall, gwahanol iawn ei dueddiadau, sef y Cadfridog Suharto. Yn sgil yr anhrefn a ddilynodd hynny fe 'lanhawyd' y wlad, gan ddileu pob athro, gwleidydd, darlithydd, offeiriad ac unrhyw undebwr llafur oedd â thueddiadau radicalaidd. Hon oedd y weithred a barodd i Harold Holt, Prif Weinidog Awstralia ar y pryd, ddatgan gyda balchder: 'Gyda rhwng 500,000 a miliwn o'r rhai sydd â thueddiadau Comiwnyddol wedi'u difa, dwi'n meddwl ei bod hi'n ddiogel credu bod yma gyfle i ailgyfeirio pethau.'

Ac fe wnaed yn fawr o'r cyfle hwnnw. Yn wahanol iawn i'w ragflaenydd, cofleidiodd Suharto werthoedd y Gorllewin ac yn fuan ar ôl iddo ddod i rym trefnwyd cynhadledd arbennig i gynllunio datblygiad Indonesia. Yno, cynlluniwyd i rannu economi'r wlad rhwng gwahanol gwmnïau rhyngwladol, gan roi mwynfeydd i un, gwasanaethau i un arall, bancio a chyllid i un arall. Rhoddwyd lle anrhydeddus i fanc Chase Manhattan ac i gwmnïau fel Alcoa yn y trafodaethau ac o ganlyniad, dros y blynyddoedd nesaf, cafodd pobl Indonesia a'i hadnoddau gwerthfawr eu rheibio a'u hecsbloetio'n ddidostur.

Gwelwyd yr hyn a ddigwyddodd yn Indonesia fel rhyw fath o fodel gan bobl fel Margaret Thatcher a Ronald Reagan a chafodd eu hawydd hwy i hyrwyddo'r farchnad rydd hwb sylweddol gan gwymp wal Berlin a diwedd y Rhyfel Oer. Yn fuan wedi hynny y cynhaliwyd y gynhadledd ryngwladol a roddodd seiliau pendant i'r drefn a adwaenir erbyn hyn fel globaleiddio, pan ddaeth cynrychiolwyr naw ar hugain o'r gwledydd cyfoethocaf, ynghyd â chwmnïau rhyngwladol mwyaf y byd, at ei gilydd yn y dirgel i lunio cyfansoddiad ar gyfer un economi byd-eang, sef y Cytundeb Buddsoddiad Amlochrog. Cafodd y cytundeb hwnnw ei lunio gan wŷr busnes a phetai wedi cael ei dderbyn yn ei grynswth byddai wedi rhoi hawl i'r corfforaethau mawr fasnachu heb unrhyw lyffetheiriau o gwbl a chaniatáu iddyn nhw erlyn unrhyw wlad y byddai ei chyfreithiau yn faen tramgwydd iddynt yn eu hymdrechion i wneud elw. Dim ond y protestiadau ffyrnig yn Seattle yn 1999 a lwyddodd i atal y gwledydd a fu'n ymwneud â'r cynlluniau hynny rhag cael y maen i'r wal. Yn y diwedd bu raid iddyn nhw fodloni ar lunio cytundeb arall, llai uchelgeisiol. Hwnnw, sef 'Partneriaeth Economaidd Traws Iwerydd', oedd y cyntaf mewn cyfres o gytundebau rhwng prif flociau masnachu'r byd. Ymhen amser byddai'r rheini'n cael eu cyfuno er mwyn creu un farchnad ddadreoledig fyd-eang.

Yn yr Unol Daleithiau, yn sgil dirwasgiad yr 1980au daeth rhai o'r corfforaethau mawr i sylweddoli bod angen iddyn nhw ledu eu hadenydd a mentro i wledydd eraill. Penderfynodd nifer ohonynt eu bod wedi magu gormod o floneg a bod eu ffatrïoedd a'u gweithluoedd yn rhy gostus i'w cynnal. I lwyddo yn yr economi newydd byddai gofyn iddyn nhw dorri at yr asgwrn a dileu pob dim oedd yn faich ariannol arnyn nhw.

Gydag amser, er mwyn wynebu'r her hon, mabwysiadwyd trefn a olygai bod math hollol newydd o gorfforaethau yn dod i ddisodli'r hen rai. Craidd cred y corfforaethau newydd oedd mai eu delwedd oedd y peth pwysicaf un, a bod datblygu a rhoi blaenoriaeth i'w delwedd yn bwysicach o lawer nag unrhyw agwedd arall ar eu gweithgarwch. Byddai'r drefn economaidd newydd, unwaith y byddai'r byd i gyd yn ei chofleidio, yn eu galluogi i gau eu hen ffatrïoedd a'r strwythurau a'r bobl oedd ynghlwm wrthyn nhw, ac yn eu rhyddhau i chwilio am gontractwyr annibynnol i gynhyrchu eu nwyddau, yn aml mewn gwledydd tlawd. Bellach, byrdwn eu gweithgarwch oedd creu a hyrwyddo 'brand' unigryw a defnyddio pob dull oedd ar gael iddyn nhw i farchnata hwnnw ledled y byd. Buddsoddwyd yn helaeth i ddiben cyflawni hynny gan dalu miliynau o bunnau a doleri i unigolion a thimau ym myd chwaraeon a byd adloniant am roi amlygrwydd i frand penodol. Erbyn hyn mae gweld tîm neu gystadleuydd heb logo ar eu lifrai yn arwydd o fod yn ddistadl a dibwys.

Yn sgil grym yr hysbysebwyr, treiddiodd meddylfryd y brand i bob twll a chornel o'r byd, a gwelir cynhyrchion y corfforaethau mawr, a'r logo unigryw a fabwysiadwyd gan bob un ohonyn nhw, yn y mannau mwyaf anhygyrch a diarffordd. Yn gyfochrog â hynny llwyddodd eu hymgyrchoedd hysbysebu i dreiddio i feddyliau pobl, yn arbennig plant a phobl ifanc, gan eu hargyhoeddi mai dim ond rhai mathau o ddillad, sef y rhai sy'n dwyn logo o fath arbennig, sydd yn briodol i'w gwisgo. Yn y byd sydd ohoni, ni ellir bod yn 'cŵl' heb fwyta'r bwydydd ac yfed y diodydd priodol a heb wisgo'r dillad neu'r esgidiau sy'n dangos logo derbyniol. Lledaenodd yr efengyl i fyd gwleidyddiaeth hyd yn oed, ac er mwyn bod yn gyfoes nid oedd 'Llafur' plaen a syml bellach yn ddigon da i blaid Keir Hardie. Cafodd yr hen enw anrhydeddus ei ddiosg er mwyn gwneud lle i 'Llafur Newydd'. Yn ei dro aeth yr haint ar garlam i rengoedd Plaid Cymru ac ychwanegwyd y gwasaidd 'The Party of Wales' at ei henw hithau.

Dewiswyd rhai o wledydd tlotaf y byd fel y mannau mwyaf priodol ar gyfer cynhyrchu'r nwyddau a fyddai'n diwallu anghenion gwledydd y Gorllewin. Arweiniodd hynny at sefydlu'r hyn a elwir yn 'barthau masnach rydd' yn Indonesia, Mecsico, Ynysoedd y Philipinas, Fietnam a llawer gwlad arall. Yma mae bron y cyfan o nwyddau brandiedig y byd i gyd yn cael eu gwneud – esgidiau rhedeg Nike, dillad cwmnïau Levi a Gap a'r holl bethau eraill sy'n rhan mor gyfarwydd o'n bywydau. O safbwynt y corfforaethau mawr roedd hwn yn gyfle i feddwl o'r newydd am y math o elw yr oedd modd ei wneud. Lle gynt yr oedden nhw'n fodlon ar wneud 100 y cant o elw wrth gynhyrchu rhywbeth, roedd yma bosibilrwydd gwneud 300 y cant neu hyd yn oed 500 y cant. Roedd y demtasiwn yn un na ellid ei gwrthsefyll.

Un o'r parthau sy'n nodweddiadol o'r datblygiadau a welir mewn sawl gwlad yw Cavite, yn y Philipinas, safle sy'n gorchuddio 682 o erwau. Mae popeth a gynhyrchir yma wedi'i fwriadu ar gyfer y farchnad allforio, a chyflogir oddeutu 60,000 o bobl i wneud y gwaith mewn 207 o ffatrïoedd. Yn China, wedyn, amcangyfrifir bod cynifer ag 18 miliwn o bobl yn cael eu cyflogi mewn 124 o barthau allforio tebyg, ac mae'r Sefydliad Llafur Rhyngwladol yn amcangyfrif bod yn agos i 1,000 o barthau cyffelyb wedi'u sefydlu mewn saith deg o wledydd ar hyd a lled y byd. Ac er bod y gwledydd sydd wedi croesawu presenoldeb y corfforaethau mawr yn wahanol iawn i'w gilydd, mae llawer o nodweddion sy'n gyffredin i'r parthau cynhyrchu lle bynnag y maen nhw. I ddechrau, oherwydd y statws trethiannol arbennig a roir iddyn nhw am gyhyd â deng mlynedd, nid oes unrhyw fath o dreth yn daladwy ar yr hyn a gynhyrchir ynddyn nhw. Yn aml, os bydd yr hawl sydd gan berchennog ffatri i beidio talu trethi yn dirwyn i ben, bydd y ffatri'n cael ei chau ac yna'n ail-agor yn enw perchenogion 'newydd' sydd yn mynnu cael yr hawl i weithio'n ddi-dreth am gyfnod estynedig arall.

Ail fantais y parthau hyn yw bod digonedd o weithwyr yno. Daw llawer ohonynt o ardaloedd mwyaf diarffordd eu gwledydd i chwilio am waith o unrhyw fath gan sefydlu trefi sianti ar gyrion y parthau. Yn amlach na pheidio does dim cyflenwad dŵr glân ar gael iddyn nhw ac mae carthffosydd agored yn llifo rhwng eu tai bregus. Yn y ffatrïoedd eu hunain y gwelir y dirmyg sy'n ymhlyg ym mholisïau'r corfforaethau yn cael ei weithredu ar ei fwyaf eithafol. Ynddyn nhw mae gweithwyr yn aml yn gweithio chwech neu saith niwrnod yr wythnos, shifftiau yn parhau o 7 a.m. tan 10 p.m. ac os oes pwysau ar y meistri i gyflawni rhyw darged pwysicach na'i gilydd bydd disgwyl i'r rhai a gyflogir weithio dwy shifft ar ôl ei gilydd. Mae gwrthod gwneud hynny yn drosedd a all arwain at ddiswyddiad. Mae storïau niferus am ferched a phlant ifanc yn cael eu gweithio i farwolaeth yn y fath amgylchiadau. Mewn llawer ffatri, ar wahân i ddau gyfnod o chwarter awr yn ystod pob shifft, mae'r toiledau yn cael eu cadw ar glo. Nid oes gan y gweithwyr unrhyw sicrwydd mewn perthynas â'u swyddi na hawliau o unrhyw fath ac mae eu hamodau gwaith, gyda llawer yn gweithio heb oleuni digonol, mewn ffatrïoedd nad oes ynddyn nhw ffenestri heb sôn am systemau awyru, yn dwyn dyddiau'r Chwyldro Diwydiannol ym Mhrydain i gof. Mae llawer o'r parthau wedi'u hamgylchynu â weiren bigog ac yn cael eu gwarchod gan ddynion arfog.

Mantais arall y parthau cynhyrchu a'r athroniaeth sy'n sail i'r drefn globaleiddio yw'r pwyslais a geir ynddi ar ddileu unrhyw rym neu duedd sy'n wrthwynebus iddi. Un mynegiant o'r gormes hwnnw yw'r ffordd y mae'r corfforaethau wedi gwneud popeth yn eu gallu i ddirymu neu i ddileu undebaeth. Yn yr UDA mae cwmnïau proffesiynol llewyrchus yn bodoli, sy'n byw ar gynghori corfforaethau a chwmnïau eraill am ddulliau i danseilio, neu ddiogelu eu hunain rhag, undebau ac undebaeth. Mae cwmnïau fel Wal-Mart, McDonalds, Starbucks a'u tebyg yn elyniaethus i unrhyw ymgais gan eu gweithwyr i fynnu eu hawliau ac mae holl strwythur eu rheolaeth a'u gweithdrefnau yn seiliedig ar y gred honno. Yn ddiweddar, caeodd Wal-Mart (sy'n berchen ar Asda ym Mhrydain) un archfarchnad yng Nghanada oherwydd bod y gweithwyr wedi ymuno ag undeb llafur. Eleni, yn ffatri Friction Dynamics, ger Caernarfon, gwelwyd enghraifft glasurol o gwmni yn amlygu yr un math o ddirmyg llwyr tuag at ei weithwyr.

Gwelir y tueddiadau hyn i gyd ar eu mwyaf eithafol yn y 'gwledydd sy'n datblygu', ond oherwydd mai cwmnïau hyd braich sy'n berchen ar y ffatrïoedd, nid yw'r corfforaethau'n derbyn unrhyw gyfrifoldeb am yr hyn sy'n digwydd ynddyn nhw. Yn hytrach, maen nhw'n honni mai gyda'r cwmnïau contractio 'annibynnol' sydd biau'r ffatrïoedd y mae hwnnw'n gorwedd. Am gyfnod, pan fabwysiadwyd y drefn hon i ddechrau, roedd y labeli ar ddilladau yn datgan enw'r wlad lle cawsant eu cynhyrchu ac roedd hynny'n gymorth i fudiadau fel Amnest a Chymorth Cristnogol wrth iddyn nhw geisio arenwi ffatrïoedd unigol. Bellach, yn wyneb y perygl hwnnw, mae hyd yn oed cwmnïau mwyaf 'egwyddorol' y Stryd Fawr yn celu'r wybodaeth honno.

Ym Mhrydain mae'r llywodraeth bresennol wedi trefnu ei heconomi i hwyluso gwaith elît y byd busnes rhyngwladol a'r corfforaethau a wasanaethant trwy efelychu nodweddion mwyaf gwrthun y farchnad rydd. Ers 1997 mae wedi gwneud popeth yn ei gallu i rwystro gweithwyr Prydain rhag cael yr hawliau sy'n rhan o Siarter Cymdeithasol y Gymuned Ewropeaidd gan honni y byddai hynny'n gwneud yr economi yn llai cystadleuol a chwmnïau tramor yn fwy hwyrfrydig i fuddsoddi yma. O ganlyniad i'r polisïau hyn mae amodau gwaith y gweithiwr cyffredin yn yr ynysoedd hyn yn golygu mai dim ond un o bob tri ohonyn nhw sydd â hawl i bensiwn galwedigaethol a dim ond un o bob dau sy'n debygol o dderbyn mwy o dâl salwch na'r hyn sy'n gyfreithiol orfodol. Ar ben hynny mae eu cyflogau yn sylweddol is na'r rhai a geir mewn gwledydd cyfatebol yn Ewrop, eu horiau gwaith yn hwy a'r gwyliau a gânt yn fwy crintach o lawer na rhai gweithwyr eraill y Gymuned Ewropeaidd. Mae'r ffaith fod y ddau bartner mewn teuluoedd ifanc yn gorfod gweithio i gael dau ben llinyn ynghyd yn milwrio yn erbyn eu gallu i neilltuo amser digonol i'w plant a hynny, yn ei dro, yn effeithio ar sawl agwedd ar gymdeithas. Dros y blynyddoedd mae'r polisïau hyn wedi creu tlodi ac wedi dwysáu anghyfartaledd i'r fath raddau fel bod dosbarthiad cyfoeth ym Mhrydain yn fwy anghyfiawn na'r hyn a geir yn Sweden, Denmarc, Ffindir, Gwlad Belg, Awstralia, Ffrainc, yr Eidal, Lwcsembwrg a'r Iseldiroedd. Yn wir, mae tystiolaeth ddiweddar yn dangos bod yr anghyfartaledd sy'n bodoli ym Mhrydain yn waeth nag ar unrhyw adeg ers y 1940au. Rhwng 1979 a 2003, aeth 40 y cant o gyfanswm y cynnydd a fu mewn incymau i bocedi'r 10 y cant sy'n derbyn y cyflogau mwyaf. Erbyn hyn mae'r 10 y cant ffodus yma yn ennill mwy na'r hyn a enillir gan y cyfan o'r bobl sydd yn hanner tlotaf ein cymdeithas.

Ochr yn ochr â chadw gafael dynn ar y farchnad lafur, mae Llywodraeth Prydain wedi mabwysiadu safbwynt dogmataidd sy'n datgan mai rhywbeth eilradd yw'r sector cyhoeddus ac mai'r sector preifat biau'r dyfodol, ar fwy nag un ystyr. Yn raddol, ond yn llechwraidd, maen nhw wedi cychwyn proses o breifateiddio'r gwasanaeth iechyd a'r gwasanaeth addysg, gan ddibynnu mwy a mwy ar gontractwyr preifat i wneud gwaith a oedd gynt dan reolaeth ddemocrataidd yr Awdurdodau Lleol. Mae'r cynllun PFI bondigrybwyll yn golygu y bydd arian cyhoeddus yn cael ei dywallt i bocedi cwmnïau preifat, nad oes ganddyn nhw ronyn o ymrwymiad i ddim ond elw, am genedlaethau, tra bo'r bobl sy'n gweithio yn y sector cyhoeddus yn cael eu gormesu gan reolau a biwrocratiaeth sy'n gwneud eu gwaith yn ddiflastod llwyr. Mewn llawer achos, mae'r cysylltiad personol rhwng gweinidogion y llywodraeth a'r bobl sy'n rheoli cyllid y cwmnïau preifat yn anghyfforddus o agos ac yn destun pryder difrifol i lawer. Yn fwy sinistr fyth, mae crafangau byd busnes wedi treiddio i galon y llywodraeth, a'r ffin rhwng y priodol a'r amheus yn aml yn beryglus o denau.

Byddai llawer yn dadlau mai prif swyddogaeth a phriod waith unrhyw lywodraeth ddemocrataidd gwerth ei halen yw hyrwyddo rhyddid a thegwch ac amddiffyn y bobl rhag rhaib a gormes o bob math. Bellach, mae lle i bryderu nad yw hynny'n digwydd, bod grym y corfforaethau yn drech na llywodraethau, a'u gallu i gefnogi neu danseilio economïau gwledydd yn golygu eu bod i bob pwrpas yn medru creu eu rheolau gweithredu eu hunain. Ym myd delfrydol y corfforaethau, yr unig swyddogaeth sy'n weddill ac yn weddus i lywodraethau yw gormesu eu pobl eu hunain a chreu deddfau sy'n dileu pob rhyddid democrataidd. Cerddwyd yn eithaf pell ar hyd y llwybr hwnnw eisoes, ac erbyn hyn mae mwy na chwarter holl elw'r byd yn perthyn i 200 o gorfforaethau mawr. Mae'r rheini'n amddiffyn eu buddiannau eu hunain ym mhob ffordd bosibl, yn celu eu cynlluniau ac yn llwgrwobrwyo unigolion a phleidiau gwleidyddol sy'n hwyluso eu gweithgarwch ar raddfa sydd tu hwnt i amgyffred y rhan fwyaf o bobl. Roedd yr hyn a ddigwyddodd i gwmni Enron yn enghraifft o'r union beth yma.

Fel y mae grym a dylanwad y corfforaethau wedi cynyddu

dros y blynyddoedd, mae'r cyfraniad a wnânt i goffrau llywodraethau, ar ffurf trethi, wedi lleihau'n enbyd. Defnyddiant dimau o gyfrifyddion i ddod o hyd i bob ystryw posibl i osgoi talu trethi ac mae'n arwyddocaol bod mwy na 250,000 o gyfrifyddion yn gweithio yng ngwledydd Prydain, mwy nag sydd yng ngweddill y Gymuned Ewropeaidd i gyd gyda'i gilydd! Maent yn defnyddio ystrywiau o bob math, fel trosglwyddo arian i gyfrifon 'alltraeth' i guddio gwir gyfrifon unigolion a chwmnïau, a chymaint yw eu llwyddiant fel nad yw'r corfforaethau mwyaf un sy'n gweithredu ym Mhrydain, fel corfforaeth enfawr Rupert Murdoch, yn talu nemor ddim trethi. Ac nid yw'r ffaith fod y llywodraeth bresennol wedi cwtogi nifer swyddogion Cyllid y Wlad ac wedi trosglwyddo adeiladau swyddfeydd y corff hwnnw i ofal cwmni preifat yn ychwanegu at ffydd ac optimistiaeth rhywun ynghylch gwella'r sefyllfa yn y dyfodol. Mae'r baich trethiant ym Mhrydain yn cael ei drosglwyddo'n raddol oddi ar ysgwyddau'r rhai mwyaf abl i dalu i fod yn faich ychwanegol ar bobl ar incymau isel.

Ond ni fyddai llawer o'r hyn a wnaed i'r byd yn ystod y degawdau diweddar wedi bod mor rhwydd oni bai am rym anhygoel y corfforaethau sydd yn rheoli ein cyfryngau. Y rhain biau mwyafrif y papurau newydd a'r gorsafoedd teledu, a'r stiwdios yn Hollywood sy'n gwasgaru'r genadwri mai dim ond gyda grym y gellir datrys problemau. Yn eu hamryfal weddau maen nhw'n gyfrifol am liwio gwerthoedd a chanfyddiadau pobl, ac yn ailadrodd y 'gwirioneddau' diogel sy'n atgyfnerthu'r *status quo*. Er enghraifft, mae gorsaf Fox News yn UDA, sy'n eiddo i Murdoch, yn pedlera propaganda'r dde eithafol mewn modd cwbl agored, ond nid oes yr un orsaf gyffelyb sy'n ceisio cydbwyso hynny. Yma nid yw'r BBC, gyda'i ffasâd o wrthrychedd a chydbwysedd, yn fawr mwy nag offeryn sy'n cael ei ddefnyddio i hyrwyddo dibenion yr elît sy'n dal awenau grym. Trasiedi'r sefyllfa yng Nghymru yw nad yw'r BBC yng Nghaerdydd yn fawr amgenach nag offeryn amgen i gyflwyno ail bobiad o uniongredoau BBC Llundain.

Gyda globaleiddio bellach yn effeithio ar bawb sy'n byw yn y byd, mae ei ôl yn gynyddol amlwg. Nid yw'n parchu ffiniau ac oherwydd hynny nid yw'n sensitif i'r miloedd lawer o amrywiaethau o ffyrdd o fyw a siarad, o feddwl ac o greu, o ddathlu a thristáu, o fwyta, o ganu, o garu ac o weithio y mae'r ddynoliaeth wedi'u datblygu dros y canrifoedd. Mae'r diwylliant pop hollbresennol sy'n llawforwyn iddo yn anwybyddu ac yn graddol ddileu cerddoriaeth frodorol ym mhob man. Nid yw'n cydnabod hunaniaeth unigryw gan mai ei fwriad yw unioni a moldio pawb yn ei ffurf ei hun. Ei ben draw yw gwneud defnyddwyr ufudd a difeddwl o bawb ohonom.

Ond os bu'r prosiect i lobaleiddio'r byd yn llwyddiant ysgubol ac yn drasiedi enfawr ar yr un pryd, yng nghyd-destun anghyfartaledd y mae hynny i'w weld ar ei fwyaf eglur. Er bod y defnydd a wneir o nwyddau a gwasanaethau wedi dyblu rhwng 1975 a 1997 mae adroddiad diweddar gan y Cenhedloedd Unedig yn dangos bod miliynau o bobl yn byw mewn gwledydd lle mae newyn a salwch yn endemig, a lle mae 6,000 o blant yn marw'n ddyddiol oherwydd y dolur rhydd. Yn y gwledydd y dywedir eu bod yn 'datblygu' mae traean o'r 4.5 biliwn o'u pobl yn byw heb gyflenwad dŵr glân o unrhyw fath, mae chwarter heb do gwerth yr enw uwch eu pennau ac nid oes gan nifer sylweddol fynediad i wasanaethau meddygol. Mae un plentyn o bob pump yn treulio llai na phum mlynedd mewn ysgol o unrhyw fath. Mewn gwrthgyferbyniad â hyn, mae gan y tri dyn cyfoethocaf yn y byd gyfoeth sy'n fwy na chyfanswm chynnyrch economïau 48 o'r gwledydd tlotaf, ac yn ôl Asiantaeth Ddatblygu'r Cenhedloedd Unedig, byddai llai na 4 y cant o gyfoeth personol y 225 person cyfoethocaf yn y byd yn ddigon i sicrhau bod holl bobl dlawd y byd yn cael manteisio ar gyfleusterau meddygol ac addysgol sylfaenol yn ogystal â maethiad digonol. Yn rhwng 70 ac 80 o'r gwledydd sy'n 'datblygu' mae lefelau incwm yn is na'r rhai gwaradwyddus a fodolai 30 mlynedd yn ôl. Yn ogystal, caiff yr union wledydd hyn eu llethu gan y benthyciadau sy'n ddyledus ganddynt i fanciau'r byd cyfoethog a chan y clefyd AIDS sydd ar garlam trwy eu poblogaethau. Mae merch sy'n feichiog yn Affrica gan gwaith yn fwy tebygol o farw na merch feichiog yn Ewrop.

Dadlennodd adroddiad diweddar gan Gymorth Cristnogol beth yw maintioli'r bwlch sy'n bodoli rhwng rhethreg y corfforaethau a realiti'r ffordd y maen nhw'n gweithio. Er gwaethaf y difrod a wnaed ganddyn nhw, yn ôl yr adroddiad hwnnw does dim un enghraifft o gorfforaeth sydd wedi newid ei gynlluniau busnes na'i strategaethau er mwyn ceisio lliniaru'r effaith a gânt ar gymdeithasau ac ar yr amgylchedd. Nid ydynt yn fodlon derbyn unrhyw gyfrifoldeb am oblygiadau eu polisïau i hawliau dynol ac, fel erioed, pan gaiff y gair rheolaeth ei grybwyll maen nhw'n barod iawn i sôn am fiwrocratiaeth a thâp coch a sut y byddai creu cyfundrefn i ffrwyno rhywfaint arnyn nhw yn eu llesteirio ac yn atal eu datblygiad.

Bellach mae'n gwbl amlwg mai dim ond corff rhyngwladol pwerus a fyddai'n llefaru ar ran holl wledydd y byd fyddai â'r gallu i fynd i'r afael â'r broblem ond mae'n gwbl amlwg hefyd na all llywodraeth yr ynysoedd hyn gyfrannu mewn modd ystyrlon i drafodaeth o'r fath heb iddi hi, yn gyntaf, edrych yn feirniadol iawn ar ei bogail ei hun ac ar y ffordd y bu hi'n gweithredu ers degawdau.

Wedi dweud hynny, llwyddais i gerdded allan o siop Argos gyda gwefrwr dan fy nghesail, yn llond fy nghroen o ragrith.

# 'Ambell i lesson yn Welsh, chware teg . . .'

I gyfarfod Pwyllgor Rhanbarth y Blaid heno, mewn tafarn yn 'nyffryn clodfawr Clwyd'.

Y ferch tu ôl i'r bar yn edrych mewn syndod arna' i, ac nid am fod fy ngwallt i'n wyn. Roedd y geiriau 'Gwin coch, os gwelwch yn dda' yn ddirgelwch llwyr iddi er ei bod hi a minnau yn byw yn yr hen ddyffryn hwn a bod yr holl bobl ifanc sy'n byw yn Sir Ddinbych i fod i ddysgu Cymraeg am o leiaf deuddeng mlynedd. Petawn i wedi gofyn y cwestiwn iddi mewn Wrdw fyddai'r peth ddim wedi bod fymryn yn llai o ddirgelwch iddi. Ond, chwarae teg, roedd hi'n hynaws glên, a gallu'r ddau ohonon ni i wenu ar ein gilydd yn pontio rhyw gymaint ar y gagendor ieithyddol oedd rhyngom. Ac yn y diwedd mi gefais fy ngwin.

Nid bod y profiad yn un dieithr o gwbl. Lle bynnag yr ewch chi yng Nghymru, mae anallu pobl ifanc i ymateb i'r ymholiadau mwyaf arwynebol a syml yn y Gymraeg yn sgandal o'r iawn ryw ac yn gwneud i rywun ofyn beth yn union yw diben yr holl addysgu 'ail iaith' bondigrybwyll sydd i fod i ddigwydd yn ein hysgolion? Does gen i ddim sail dros gredu hynny, ond mae gen i deimlad mai trwy gytuno mai dim ond fel 'ail iaith' y byddai'r Gymraeg yn cael ei dysgu i drwch plant Cymru y llwyddodd Wyn Roberts i sicrhau bod yr iaith yn cael ei dysgu i'n holl blant hyd at lefel TGAU. Os dyna oedd y cyfaddawd, mae ei ganlyniadau wedi bod yn bur drychinebus.

Mewn rhai rhannau o Gymru, mae prinder athrawon cymwys yn dwysáu'r broblem, ond hyd y gwelaf nid yw parhau gyda'r drefn bresennol yn opsiwn gwerth dyfalbarhau gydag o. Am sawl blwyddyn bûm yn mynychu cynhadledd flynyddol i ddisgyblion ysgolion uwchradd un o'n siroedd Seisnigedig, cynhadledd a drefnir ar lun trafodaeth wleidyddol mewn 'Senedd'. Cyn dod iddi, mae'r disgyblion yn gallu dewis pynciau y maent yn awyddus i'w trafod, gan gynnwys rhai cyfoes a rhai 'cynhennus'. Caiff y trafod ei lywio gan lefarydd mewn modd eithaf ffurfiol, ac mae'r disgyblion yn cael eu rhannu'n garfanau ar sail y pedair plaid wleidyddol. Mae pleidlais yn dilyn y drafodaeth ar bob un o'r cynigion.

Dros nifer o flynyddoedd mae cynnig tebyg i 'Credwn na ddylai'r Gymraeg fod yn bwnc gorfodol mewn ysgolion uwchradd' wedi codi ei ben yn y gynhadledd ar gais y disgyblion, a'r trafod arno wedi bod yn frwd. Fel y byddai rhywun yn disgwyl, mae'r bobl ifanc yn mynegi safbwyntiau cryfion, ond y farn gyffredinol sy'n treiddio trwy'r trafod i gyd yw mai gwrthwynebu ansawdd yr addysgu, a'u hanallu hwythau, o'r herwydd, i gaffael hyfedredd fel siaradwyr, sy'n gwneud y bobl ifanc hyn yn anfoddog. Cwyno y maent am eu diffyg llwyddiant yn hytrach na dim arall, ac mae'n arwyddocaol bod carfan sylweddol o'r rhai sy'n byw mewn ardaloedd ar y ffin â Lloegr yn ymfalchïo yn eu Cymreictod ac yn deall beth yw cysylltiad anorfod yr iaith â hynny.

Fel arfer, yr un hen wynebau ag arfer oedd yn y Pwyllgor Rhanbarth a hynny, mae'n debyg, yn adlewyrchiad o'r difrawder marwol sydd wedi syrthio fel cwmwl dros fywyd gwleidyddol yr ynysoedd hyn. Yr un oedd y pethau roedd angen eu trafod hefyd, a chodi arian, fel erioed yn flaenllaw.

Ar y ffordd adref yn y car, a'r posteri 'Fight for Liberty' yn britho boncyffion y coed ar diroedd y tirfeddianwyr mawr o boptu'r ffordd, allwn i ddim peidio â gofidio ac eiddigeddu wrth feddwl am frwdfrydedd cefnogwyr yr helfa, am yr holl adnoddau ariannol sydd yn gefn iddyn nhw ac am eu parodrwydd i ymladd dros yr hyn a ystyriant yn achos teilwng. Ond yna, dydi pawb ddim yn gwirioni'r un fath.

\*       \*       \*

68

Gwelais dystiolaeth o'r modd y mae'r Saesneg yn treiddio i feddyliau ein plant wrth ymweld â theulu fy mab dros y Sul. Cardis o'r iawn ryw yw'r plant, a'r pedair yn ystyried eu taid yn Gog diedifar. Fy her iddynt, bob amser, yw dweud 'ci du' yn y dull Gogleddol, ond er gwaethaf eu hymdrechion glew, ni allaf feiddio cydnabod eu bod yn llwyddo. Mae'r ieuengaf o'r pedair yn gymeriad a hanner, a Taid yn tynnu arni'n ddi-baid. Fore Sul, roedd hi'n gwisgo esgidiau gwadnau pren, a dim ond rhyw rimyn o ddefnydd du yn mynd dros ei thraed i'w dal yn eu lle. Roedd hynny'n ddigon o reswm i herian, ac i ofyn, byth a hefyd, lle'r oedd ei sanau hi.

Yn ystod yr ymwneud hwn, dilynodd y ddeialog batrwm fel hyn:

Fi:     Elain, lle mae dy sanau di?
Elain: S'mo fi'n 'moyn sane.
Fi:     Wel oes, Elain. Rwyt ti i fod i wisgo sanau.
Elain: Na, Taid, s'mo fi'n moyn sane.
Fi:     Ond mae pawb yn gwisgo sanau, E . . .

Yna, er mwyn cau pen fy mwdwl, tynnodd Elain un o'i hesgidiau oddi am ei throed, a'i throi fel bod y wadn yn y golwg. Yna dywedodd, gan bwyntio at enw'r esgid oedd wedi ei argraffu ar y wadn:

Shgwl, Taid. Ma fe'n gweud fan 'yn. No Sanau?

Mae i blentyn tair oed fedru priodoli ystyr i brint yn orchest o ryw fath, ond mae'r orchest honno'n fwy o lawer pan mae plentyn wedi deall bod print yn cario awdurdod y gellir troi ato mewn cyfyngder. Ond yn yr achos hwn, y peth mwyaf diddorol un oedd y ffaith fod plentyn tair oed wedi deall mai Saesneg oedd yr iaith y mae awdurdod yn cael ei fynegi ynddi!

Ond nid ar blant yn unig y mae'r dylanwadau hyn yn pwyso. Mae sawl arbenigwr ym myd iaith yn honni mai'r iaith y mae mwyaf o ddefnydd arni yn achos pawb ohonom yw'r iaith fewnol a ddefnyddiwn, i siarad â ni ein hunain, megis. Trwy gyfrwng honno yr ydym yn breuddwydio, yn hiraethu, yn gofidio am yr hyn a fu, yn gobeithio am yr hyn a ddaw. Trwyddi hefyd yr ydym yn ein paratoi ein hunain, yn 'rihyrsio', megis, ar gyfer y pethau yr ydym yn bwriadu eu gwneud a'r bobl yr ydym yn debygol o ddod wyneb yn wyneb â nhw.

Mewn cymdeithas lle mae llawer iawn o'n cysylltiau â phobl o reidrwydd yn rhai sy'n digwydd trwy gyfrwng y Saesneg, mae'r iaith fewnol a ddefnyddiwn i baratoi ein hunain, yn enwedig os yw'r cyfarfyddiad sydd gennym ar y gweill yn debygol o fod yn un pwysig, yn un ffurfiol neu'n un personol sydd o bwys i ni, yn rhwym o fod yn y Saesneg. Wrth i diriogaeth naturiol y Gymraeg fynd yn llai ac yn llai, a'n cyswllt anochel â'r Saesneg yn dod yn fater o reidrwydd os nad o ddewis, mae'r gormes ieithyddol anweledig hwn yn rhwym o gael effaith, nad yw'n un cadarnhaol, ar ein mamiaith.

\*     \*     \*

I gyfarfod yn Neuadd y Pentref heno. Cyn cychwyn o'r tŷ, clywais Brif Gwnstabl Gogledd Cymru yn cwyno ar y teledu am ei fod yn cael trafferth i recriwtio plismyn sy'n siarad Cymraeg. Y cyfarfod hwn oedd y cyntaf mewn cyfres a drefnwyd er mwyn atgyfnerthu'r drefn 'Heddwas Cymunedol'.

Y cyflwyniad yn manteisio ar y dechnoleg ddiweddaraf ar ffurf cyfrifiadur oedd wedi ei gyplysu â thaflunydd a'r fformat yn dilyn y drefn gydnabyddedig arferol, gyda thraethiad byr ar sail cyfres o ddiagramau uniaith Saesneg. Yn anochel, rhaid oedd cychwyn gydag amcanion a nodau aruchel. Ymhlith y rheini rhestrwyd 'parchu lleiafrifoedd a chefndiroedd ethnig' – ond doedd dim cyfieithydd nac offer cyfieithu ar gyfyl y lle!

\*     \*     \*

70

Yma, yn y Gymru Seisnigedig y cafodd Betsan, sy'n naw oed, ei geni, ac yma y mae hi wedi cael ei magu. Cymraeg yw ei hiaith naturiol, iaith swyddogol ei hysgol ac iaith ei holl ymwneud â'i theulu. Ar wahân i hynny, Saesneg a Seisnig ydi'r byd sy'n ei hamgylchynu, a dim ond pan fydd hi'n cael ymweld yn achlysurol â'r Fro Gymraeg y mae hi'n cael y profiad o fod mewn cymdeithas lle mae'r Gymraeg yn iaith ymwneud dydd i ddydd pobl â'i gilydd. Y cyswllt mwyaf rheolaidd sydd ganddi hi â bywyd mewn cymdeithas Gymraeg ei hiaith yw'r cysylltiad hyd-braich, anuniongyrchol a gaiff hi wrth wylio rhaglenni fel *Rownd a Rownd* a *Porc Peis Bach* ar y teledu.

Ddoe, aeth Betsan gyda Lois ei chwaer a'u mam i ymweld â'u nain mewn pentref yng Ngwynedd lle mae'r Gymraeg yn parhau i fod yn iaith fyw. Pan aeth Betsan i'r drws ar ôl clywed rhywun yn curo, y cwestiwn a ofynnwyd iddi oedd, 'Ti isio prynu popi, del?'

I Betsan roedd y cwestiwn mor ddiarth, y sefyllfa mor anghyfarwydd, a'r dafodiaith mor debyg i'r un a glywodd ym myd chwedlonol, Gwyneddol, *Rownd a Rownd* a *Porc Peis Bach* fel mai prin y gallai hi gredu'r peth, a rhaid ei bod hi wedi gwneud cysylltiad uniongyrchol â'i phrofiad yn gwylio'r rhaglenni hynny. Roedd y digwyddiad annisgwyl yn y byd real wedi'i godi, yn ei meddwl hi, yn uniongyrchol o fyd afreal y teledu. Pan ddaeth hi'n ôl i'r ystafell i egluro neges yr ymwelydd dechreuodd chwerthin ac roedd y chwerthin hwnnw mor heintus ac afreolus, a'r sefyllfa ei hun mor ddigrif nes i bawb arall yn y tŷ ddechrau chwerthin hefyd. Bu'r ymwelydd, druan, yn sefyll yn y drws am rai munudau cyn y gallai neb sobri digon i fynd i ben y drws i brynu pabi!

# Y cyfiawn a'r anghyfiawn

Trais yw ffrwyth coeden anghyfiawnder a chasineb yw ei blodau. Trwy hau hadau anghyfiawnder fe fyddwn, ddydd a ddaw, yn medi trais. Os ydym am ddileu trais rhaid i ni yn gyntaf ddileu anghyfiawnder.

*Seeds of injustice* Y Tad Niall O'Brien

Mae hanes dyn yn frith o helyntion cenhedloedd sy'n dioddef gan yr ysfa ymerodrol ac yn dod wyneb yn wyneb â gofidiau yn sgil hynny. Heddiw eto mae'r cyfryngau'n llawn o storïau am drafferthion yr Americanwyr yn Irac ac am y dinistr a'r llofruddio diystyr sy'n digwydd yn y wlad druenus honno.

Dywedir bod Washington heddiw yn ymdebygu i ddinas Llundain fel ag yr oedd hi yn 1905. Bryd hynny Llundain oedd dinas bwysicaf yr Ymerodraeth Brydeinig a'r byd, yn rym nad oedd neb, bron, yn ddigon haerllug i'w herio. Ac eto, fel yn achos America heddiw, roedd annifyrrwch ac ansicrwydd yn ffrwtian dan wyneb hyderus yr Ymerodraeth honno, a chyfran helaeth o'r *angst* a'i poenydiai ar y pryd i'w briodoli i broblemau yn Ne Affrica. Yno roedd y rhyfel yn erbyn y Boer yn un gwaedlyd a chostus tu hwnt.

Yn ôl y cyfryngau mae oddeutu 150,000 o filwyr Americanaidd yn Irac heddiw. Mae hwnnw'n ymrwymiad sy'n faich trwm ar economi fwya'r byd ond, o'i ystyried mewn cyddestun hanesyddol, nid yw'n cymharu â'r hyn a wnaeth Prydain i geisio llethu'r Boer. Anfonwyd 450,000 o filwyr i Dde Affrica, ac er bod y 'rhyfel' swyddogol wedi'i ddirwyn i ben yn 1900, bu'r gwrthryfelwyr Boer, oedd yn cyfateb i'r hyn a elwir yn '*insurgents*' yn Irac heddiw, yn ddraenen yn ystlys dynion yr hen Ymerodraeth am flynyddoedd wedi hynny. Dim ond trwy garcharu mwy na chwarter yr holl boblogaeth Foer mewn gwersylloedd oedd yn trin pobl gyda llai o dosturi o lawer na'r hyn a wneir ym Mae Guantanamo, y llwyddwyd yn y diwedd i adfer yr hyn a elwid yn drefn. Ni thrafferthodd neb i gyfrif faint o'r Boeriaid a fu farw yn y gwersylloedd hynny.

Yn y 1950au roedd y geiriau 'Mau Mau' yn fy llenwi ag arswyd. O ddydd i ddydd roedd y Wasg Seisnig yn llawn o storïau brawychus am yr erchyllterau oedd yn cael eu cyflawni ganddyn nhw. Yn ôl yr adroddiadau, doedd dim terfyn ar eu bwystfileiddiwch, a thasg annymunol y fyddin Brydeinig oedd ceisio diogelu gwareiddiad Cenia rhagddyn nhw. Fel rhyw gyw digon diniwed o genedlaetholwr o Gymro, doeddwn i ddim yn deall, bryd hynny, beth oedd y cysylltiad rhwng fy neisyfiadau gwleidyddol i a rhai'r Mau Mau.

Dim ond yn ddiweddar, wedi i mi ddarllen llyfr oedd yn cynnig safbwynt mwy gwrthrychol nag un Stryd y Fflyd y dois i i ddeall mai'r llwyth mwyaf niferus yn Cenia oedd y Kikuyu a'u bod wedi dioddef gormes dan y llywodraeth drefedigaethol a reolai eu gwlad. Am flynyddoedd lawer bu'r Kikuyu'n ymgyrchu i unioni'r cam a wnaed â hwy wedi i'w tiroedd gael eu meddiannu gan ffermwyr estronol, ond clust fyddar oedd un y gwladychwyr. Wrth i'r gwrthdystio gynyddu, gwnaeth y llywodraeth, dan arweiniad gwleidyddion Llundain, ymdrech i gyplysu'r protestwyr â'r mudiad Comiwnyddol byd-eang, ond pan fethodd hynny, defnyddiwyd strategaeth arall a oedd cyn hyned â gwladychu ei hun, sef pardduo'r Mau Mau ac awgrymu eu bod yn anwar. Yn y bôn, cenedlaetholwyr yn ceisio sefydlu eu hawliau sylfaenol oedd y Kikuyu, ond nid oedd y gair 'cenedlaetholwyr' i'w weld ar gyfyl y papurau Seisnig. Yn lle hynny, fe aethpwyd ati, yn systematig, i ddefnyddio'r term 'Mau Mau', yn hytrach na Kikuyu, wrth gyfeirio atynt. Yn ôl y Wasg, creaduriaid yn ymdrybaeddu mewn canibaliaeth, diafol-addoliaeth, arferion rhywiol gwyrdroëdig a phob math o arferion esgymun eraill oedd y Mau Mau. Roedden nhw'n llofruddio a brawychu'r gwladychwyr ac yn anffurfio eu gwragedd a'u plant. Gyda'r gwyleidd-dra sydd wedi nodweddu ymerodraethau'r oesau, eglurodd Llywodraethwr Cenia fod ei lywodraeth yn benderfynol o '. . . ddyfalbarhau gyda'r gwaith a gychwynnwyd gennym – gwareiddio trwch poblogaeth sydd mewn cyflwr moesol a chymdeithasol cyntefig'.

Yn ystod y cyfnod hwn, er mai dim ond 0.7 y cant o'r boblogaeth oedden nhw, roedd y gwladychwyr yn berchen ar 20% o diroedd mwyaf ffrwythlon Ucheldir Cenia. Golygai hynny fod llai na 30,000 o ffermwyr gwyn yn berchen ar fwy o diroedd y wlad na miliwn o'r Kikuyu. I wneud yn siŵr nad oedd y sefyllfa'n newid, penderfynodd y llywodraeth garcharu Jomo Kenyatta, arweinydd y cenedlaetholwyr, am saith mlynedd. Ar ôl y ddedfryd, dywedodd y cwnsler oedd yn ei amddiffyn mai'r achos hwn 'oedd yr un mwyaf plentynnaidd a wnaed yn erbyn unrhyw ddyn yn ystod unrhyw achos o bwys yn holl hanes yr Ymerodraeth Brydeinig'.

Yn nes adref, bu polisi 'Saethu i ladd' y fyddin Brydeinig yn Chwe Sir Iwerddon yn destun cynhennus yn y cyfnod diweddar, ond prin iawn fu'r sylw a gafodd gweithrediad polisi ciaidd, cyffelyb yn Cenia er ei fod wedi'i ddefnyddio yno am nifer o flynyddoedd. Amcangyfrifir bod lluoedd y llywodraeth a byddin Prydain wedi lladd tua 10,000 o frodorion Cenia a honnodd rhai sylwebyddion fod llawer o'r milwyr wedi cael eu cyflyru i gredu bod lladd pobl dduon yn rhyw fath o weithgarwch hamdden. Fel yn y Chwe Sir, yn ôl pob sôn, roedd rhai catrodau yn cadw cofnod o'u llwyddiannau yn y gêm lofruddio ac yn rhoi gwobrau ariannol i'r uned gyntaf i ladd 'terfysgwr'. Restiwyd 153,000 o bobl yn ystod 14 mis cyntaf y 'rhyfel', a chafwyd adroddiadau niferus am ymddygiad anwaraidd ar ran y fyddin wrth iddynt geisio gorfodi pobl dduon i roi gwybodaeth iddyn nhw. Roedd y dulliau arteithio a ddefnyddiwyd yn cynnwys torri clustiau carcharorion i ffwrdd, fflangellu i farwolaeth a thywallt paraffîn dros unigolion cyn eu rhoi ar dân. Gan osod patrwm a efelychwyd ar ôl hynny yn

Fietnam, sefydlwyd gwersylloedd 'ail-leoli' a orfododd 90,000 o'r Kikuyu i fyw mewn pentrefi oedd wedi'u hamgylchynu â weiren bigog a'u gwarchod gan filwyr arfog. Yn y gwersylloedd hynny, tybir bod cannoedd wedi marw o glefydau fel teiffoid. Bu'r Wasg yn Lloegr yn rhyfeddol o fud ynghylch y pethau hyn i gyd.

# Dau Gymro coll

Yn ystod y dyddiau diwethaf, gofynnwyd i mi fwrw golwg dros ysgrif a luniwyd am ŵr o'r enw Griffith Evans. Brodor o Dowyn, Meirionnydd, oedd Evans. Fe'i ganwyd yn 1835 a chafodd fyw i fod yn gant oed.

Yn ystod ei blentyndod, clywodd Evans rai o frodorion Meirionnydd yn cyplysu'r cryd a effeithiai ar gynifer ohonyn nhw â'r mosgitos oedd yn magu yng nghorsydd yr ardal. Fel rhan o'i gwrs fel myfyriwr yn y Royal Veterinary College yn Llundain, ysgrifennodd *thesis* arloesol oedd yn ceisio profi mai clefyd heintus oedd y diciâu.

Teithiodd Evans ar hyd a lled y byd yn ystod ei gyfnod yn y fyddin Brydeinig a phle bynnag yr âi, roedd yn achub ar bob cyfle i ymchwilio materion oedd yn ymwneud â heintiau a chlefydau. Yn yr India, yn sgil ei astudiaeth o glefyd marwol a oedd yn effeithio ar geffylau'r fyddin, daeth i gredu'n ddiysgog mai parasit yn y gwaed oedd yn gyfrifol am ymlediad yr haint. Roedd hynny yn 1877, flwyddyn gyfan cyn i Louis Pasteur gyhoeddi ei Theori Germau a deuddeng mlynedd cyn i Gynosodiadau Koch ymddangos yn 1890. Anwybyddwyd yr adroddiad a gyflwynodd Evans i'r Cofnod Milfeddygol yn 1880, er ei fod yn cynnwys sleidiau microsgop o'r micro-organebau yng ngwaed ceffylau oedd wedi'u heintio (organebau a adwaenir heddiw fel *Trypanosoma evansi*), ond oherwydd ei fod wedi anfon copïau at Pasteur a Koch, aeth y ddau ati i ddatblygu ei waith. Bu raid i Evans aros am hanner can mlynedd arall cyn i'r sefydliad gwyddonol yn Ewrop gydnabod bod ei adroddiad yn gampwaith.

Ymunodd â staff Coleg Prifysgol Cymru ym Mangor ar ôl iddo adael y fyddin, ac yn 1917 dyfarnwyd Medal Mary

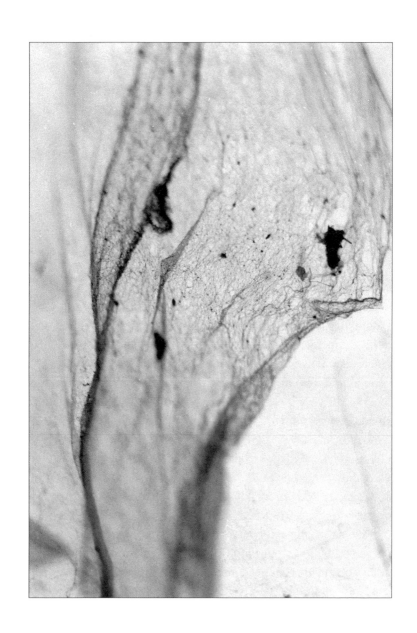

Kingsley iddo, anrhydedd a gyflwynir i 'Wyddonwyr Nodedig sydd wedi cyfrannu at ddatblygiad Meddygaeth Drofannol trwy wneud gwaith ymchwil gwreiddiol'.

Roedd Evans yn fy meddwl heno wrth i mi deithio i ddarlith flynyddol Cymdeithas Edward Llwyd ym mhentref Licswm.

Wedi cyrraedd roeddwn i'n rhyfeddu, fel y byddaf yn gwneud mor aml, at wyrth goroesiad y Gymraeg yma ar ucheldir Sir y Fflint, prin dafliad carreg oddi wrth y ffin â Lloegr. Er bod nifer o ddieithriaid, a minnau yn eu plith, yn y gynulleidfa, roedd sawl aelod o'r gymuned leol yn bresennol hefyd, a'r neuadd yn gyfforddus lawn.

Henry Hicks oedd y testun, gŵr oedd â'i wreiddiau yn Nhyddewi, ond oedd â chysylltiad â'r ardal hon oherwydd y gwaith cloddio arloesol a wnaed ganddo yn ogofâu Cae Gwyn, Tremeirchion. Dyfed Elis-Gruffydd oedd y darlithydd, gŵr y mae ei arddull fyrlymus yn gorfodi'r mwyaf llugoer i wrando, gŵr y mae ei Gymraeg rhywiog yn ymgyrraedd i encilion mwyaf esoterig ei destun, sef daeareg, a gŵr y mae swm a sylwedd ei wybodaeth yn mynd ag anadl dyn.

Wrth i'r ddarlith fynd rhagddi, roedd mawredd, ynghyd â dycnwch, ei gwrthrych yn dod fwyfwy i'r amlwg, wrth i ni ddod i wybod am gyfraniad Hicks i'w wyddor a dod i ddeall sut y daliodd ei dir yn erbyn syniadau cyfeiliornus sefydliad daearegol ei gyfnod. Yr oedd yntau, fel Evans, yn ŵr y gallwn ni, fel pobl, ymfalchïo ynddo.

Mewn cwta wythnos, dysgais am ddau ŵr na wyddwn i ddim oll amdanynt o'r blaen. Dau ŵr y gellir dweud amdanyn nhw:

Mawr ac ardderchog fyddai'r rhain yn eich chwedl,
Gymry, pe baech chwi'n genedl.

[Waldo Williams]

# Oddi yma, i ble?

Eisteddais yn fud am awr gyfan y pnawn yma, yn gwylio fideo o'r rhaglen *Stealing a Nation* gan John Pilger.

Mae Ynysfor Cwrel Diego Garcia wedi'i leoli oddeutu hanner ffordd rhwng Affrica ac Asia. Roedd yn un o brocteriaethau niferus yr hen Ymerodraeth Brydeinig ac am genedlaethau bu'n gartref i gymuned ffyniannus oedd yn ennill bywoliaeth trwy dyfu copra, a physgota.

Yn 1961, ymwelwyd â'r ynysoedd gan yr Ôl-Lyngesydd Grantham o Lynges Unol Daleithiau America a thoc ar ôl hynny gan dîm o syrfewyr oedd yn gweithio ar ran llywodraethau Washington a Llundain. Bwriad y ddwy lywodraeth oedd troi'r ynysoedd yn safle i orsaf filwrol enfawr a ddisgrifiwyd gan y Pentagon fel 'llwyfan hanfodol ar gyfer plismona'r byd'. Erbyn heddiw mae yno fwy na 2,000 o filwyr a llongwyr, angorfa i 30 o longau a'r rhedfa awyrennau hwyaf yn y byd. Oddi ar y rhedfa hon y cychwynnodd yr awyrennau bomio B52 a *Stealth* ar eu taith i fomio Afghanistan ac Irac.

Unwaith y gwnaed y penderfyniad i feddiannu'r ynysoedd aeth Llywodraeth Lafur Harold Wilson a'r weinyddiaeth yn Washington ati i gynllwynio ac i raffu celwyddau am eu gwir fwriadau i symud 2,000 o'r trigolion o'u cartref a mynd â nhw i fyw ar ynysoedd Mauritius a'r Seychelles, tua 1,000 o filltiroedd i ffwrdd. Yn 1966, ysgrifennodd Syr Paul Gore-Booth, oedd yn Is-Ysgrifennydd Parhaol yn y Swyddfa Dramor, nodyn oedd yn rhoi mynegiant i'r bwriad hwnnw: 'Rhaid i ni fod yn benderfynol ynghylch hyn. Bwriad yr ymarferiad yw cael gafael ar ychydig o greigiau a sicrhau eu bod yn parhau i fod yn eiddo i ni. Ar wahân i'r gwylanod môr, fydd neb o'r boblogaeth frodorol yn cael aros yno.'

Er mwyn cyfiawnhau'r glanhau ethnig hwn ac i daflu llwch i lygaid y Cenhedloedd Unedig, er eu bod yn ymwybodol o'r ffaith fod rhai o'r teuluoedd yn byw yno er 1770 a'u bod yn ddinasyddion Prydeinig, ceisiodd Llundain a Washington greu'r argraff mai preswylwyr tymor byr, dros dro oedden nhw a bod angen eu 'dychwelyd' i Mauritius a'r Seychelles. Mewn memo cyfrinachol at Harold Wilson, awgrymodd y Gweinidog Tramor, Michael Stewart, y dylai'r Llywodraeth ddweud celwydd wrth y Cenhedloedd Unedig trwy gyflwyno'r symudiad fel fawr mwy na newid yn amodau gwaith gweithwyr contract.

Yn 2000, ar ôl blynyddoedd o ymgyrchu na chafodd unrhyw sylw gan y wasg Seisnig, deddfodd yr Uchel Lys yn Llundain fod y weithred o alltudio'r ynyswyr wedi bod yn anghyfreithlon, ond ym Mehefin y llynedd llwyddodd Llywodraeth Tony Blair i wyrdroi'r penderfyniad. Gwnaed hynny trwy gyhoeddi gorchymyn uchelfreiniol oedd yn osgoi unrhyw ystyriaeth gan Dŷ'r Cyffredin ac yn gwahardd yr ynyswyr rhag dychwelyd i'w hen gartref.

Yn fy munudau duaf, pan fydd paranoia'n fy llethu, byddaf yn cofio am yr Ysgol Fomio, am Dryweryn ac am y modd y cafodd y brodorion eu 'clirio' oddi ar Fynydd Epynt. Yn anochel byddaf yn cyplysu hynny â'r modd y mae dulliau llawer llai dramatig na hynny yn cael eu defnyddio heddiw i ddisodli ein pobl. A synnwn i damaid nad oes yna dîm o weision sifil, tebyg i'r un a fu'n gyfrifol am gynllwynio sgandal Diego Garcia, yn eistedd mewn ystafell ddirgel yn rhywle ym mherfeddion y peiriant llywodraethol yn Llundain yn cadw golwg ar Gymru. Eu teitl yw 'Grŵp Ymchwil' ond eu gwir ddiben yw olrhain hynt a helynt yr iaith Gymraeg, a'r ychydig ynysoedd o Gymreictod sy'n parhau i fodoli. Eu cyfrifoldeb yw mesur a phwyso hyd a lled bygythiad tybiedig y rheini i ddiogelwch ac unoliaeth y 'Deyrnas Gyfunol' ac i integriti cenedlaetholdeb Lloegr. Maent yn derbyn pob cyhoeddiad a ddaw i olau dydd yn y Gymraeg, ac yn monitro galwadau ffôn pawb sy'n defnyddio geiriau radicalaidd a pheryglus fel 'Cymdeithas yr Iaith' neu 'Cymuned', neu hyd yn oed 'uchel-gyhuddo'.

Yn fy nychymyg byddaf yn gweld y bobl hyn yn dadansoddi ystadegau ac yn archwilio'r adroddiadau cyfrinachol a dderbyniant o ffynonellau 'anffurfiol' o bob math ar hyd a lled Cymru. Maent yn ystyried y gostyngiad a fu yng ngwerthiant llyfrau a phapurau Cymraeg, yn cyfrif faint o blant ysgol sy'n dewis astudio'r Gymraeg yn Lefel A, faint o ddarpar athrawon sy'n medru'r Gymraeg, faint o wylwyr sydd gan S4C, faint o wrandawyr sydd gan Radio Cymru, faint o ddisgyblion Cymru sy'n mynychu ein Prifysgol, faint o bobl sy'n mynychu cyfarfodydd Cymuned, faint o gapeli sy'n cael eu cau, faint o bobl ifanc sy'n symud o Gymru i chwilio am waith, faint o ddyled sydd gan y Blaid a beth yw proffil oedran y lleiafrif bach sy'n llythrennog yn y Gymraeg. Cânt wefr ychwanegol bob tro y maen nhw'n darllen casgliadau'r darlithydd yn un o golegau'r Brifysgol sy'n ymchwilio i ddirywiad yr iaith lafar.

Bydd y gwleidyddion dethol a breintiedig fydd yn cael gweld y casgliadau cwbl gyfrinachol hyn yn eu cysuro'u hunain ar ôl coladu'r holl wybodaeth a gasglwyd. Maent yn ddigon ystrywgar i wybod na fydd angen iddyn nhw weithredu mewn unrhyw ffordd a all gynhyrfu'r dyfroedd. Yn hytrach gallant deimlo'n gwbwl fodlon fod stori Diego Garcia yn cael ei hail-adrodd yn ddyddiol yma yng Nghymru, ac nad oes neb, bron, yn sylwi arni.

'Gyda'n gwlad yn ein gadael' fel y dywedodd Ieuan Wyn.

# *Et in Arcadia . . .*

Cythrwfl mawr yn y dref heddiw wrth i staff diogelwch siopau'r Stryd Fawr ddechrau cynhyrfu a pharablu'n ddi-baid gyda'i gilydd ar eu setiau radio llaw. Yna roedd pawb ohonyn nhw'n rhedeg ac yn rhuthro.

Erbyn gweld, tu allan i siop Burtons, ac yng ngolwg yr holl bobl oedd yn mynd heibio, roedd gwraig wedi'i chornelu ganddyn nhw, a'i bag a'i dillad yn cael eu harchwilio er gwaethaf ei phrotestiadau hyglyw.

Merch ganol oed, aflêr a thlodaidd ei gwisg oedd hi, a'i hwyneb yn datgan na fu'r byd yn garedig iawn wrthi. 'Duw a fy helpo i', meddai hi, 'does gen i ddim byd', a'r dychryn yn ei llygaid a'r cryndod yn ei llais yn siarad cyfrolau.

Ac erbyn gweld, doedd ganddi hi ddim, chwaith.

\*          \*          \*

Yr wythnos ddiwethaf, cyhoeddwyd canlyniadau ariannol blynyddol y cwmni y mae Phillip Green yn berchen arno, sef Arcadia. Mae Top Shop a chadwyn Dorothy Perkins a Burtons yn perthyn i'r cwmni hwnnw. Cafodd Arcadia flwyddyn ariannol lwyddiannus iawn a derbyniodd Mr Green a'i wraig ddifidend o £460 miliwn ar ei diwedd. Trwy ailstrwythuro a rhoi rheolaeth Arcadia yn nwylo ei wraig, llwyddodd Mr Green i arbed talu £150 miliwn o dreth incwm ar ei enillion.

Petai hi'n gwybod am y peth, mae'n debyg y byddai'r wraig a gyhuddwyd tu allan i siop Burtons, yn ymfalchïo yn ei lwyddiant. . .

# *Requiem* i John

Treulio oriau lawer yr wythnos hon yn didoli ac yn ceisio rhoi trefn ar gannoedd o hen luniau. Lluniau bore oes yn fy atgoffa am John, a'r atgofion hynny, a'r hiraeth amdano yn brigo i'r wyneb o hyd ac o hyd.

Roedd John yn ŵr unplyg a gostyngedig, heb ronyn o rwysg na hunanbwysigrwydd ar ei gyfyl. Yn anad dim roedd o'n wahanol. Gwahanol ei ffordd, gwahanol ei wisg a gwahanol iawn ei safbwyntiau. Roedd yn wahanol fel plentyn ac yn wahanol fel dyn. Ei Gymreictod di-syfl a'i grefydd oedd y pethau pwysicaf yn ei fywyd, ond hyd yn oed yng nghyswllt y ddeubeth hynny roedd y gŵys a dorrai, fel plentyn ac fel dyn, yn un anghonfensiynol ac unigryw.

Ni wnâi'r traddodiad Anghydffurfiol y cafodd ei fagu ynddo mo'r tro ganddo. Ni allai oddef y gweddïau byrfyfyr a mympwyol, y canu cynulleidfaol pedwar llais a ystyriai'n amrwd a phregethau annisgybledig, distrwythur a hirwyntog. Ei gasbeth oedd pregethwyr oedd yn smalio meddwi ar eu rhethreg eu hunain ac yn mynd i 'hwyl'. Doedd ganddo ddim gronyn o amynedd hefo trefn oedd yn allanol yn honni ei bod hi'n hepgor pob addurn a delw ond eto'n euog iawn o'r hyn y cyfeiriodd Emrys Roberts ato fel:

> . . . ymgrymu yn fud
> i'r ddelw o eiriau.

Yn hytrach, yr hyn oedd yn mynd â bryd John oedd yr uchel-eglwysig gyda'i seremonïau, ei ddefodau, a'i symbolaeth. Rhuthrai adref o'r ysgol, bob pnawn Mercher os cofiaf yn iawn, i wrando ar *Choral Evensong* ar y radio tra oedd y lleill ohonom ar ein beiciau neu'n cicio pêl yn wyllt wirion yn rhywle. Yr offeren sanctaidd oedd yr ymgorfforiad perffeithiaf oll o'r hyn a anwylai a chredaf mai ym mhresenoldeb y gwenwisgoedd, yr arogldarth, yr afrlladen a'r gwin, y ffenestri lliw a'r canwyllbrennau y câi'r dedwyddwch a'r cysur y mae pawb ohonom yn eu ceisio yn rhywle. Ystyriai pob un o hen lannau a mynachlogydd Cymru yn fannau yr oedd iddynt bwysigrwydd digymar a gallai draethu'n huawdl am yr hen offeiriaid llengar ac am ogoniannau iaith y Llyfr Gweddi Cyffredin.

Doedd dim cyfaddawdu ar gyfyl ei Gymreictod, chwaith, ac roedd cenedlaetholdeb Seisnig neu genedlaetholdeb Cymreig glastwraidd rhai o'i gyfoeswyr yn ddirgelwch llwyr iddo. Trwythodd ei hun yn hanes a llenyddiaeth Cymru ac ymfalchïai yn y cysylltiad oedd gan un o'i arwyr, Saunders Lewis, â bro ein mebyd ac yn ei adnabyddiaeth bersonol ef o rai o aelodau'r teulu hwnnw. Roedd yn hyddysg yn hanes a llenyddiaeth Cymru, a phrin y cyhoeddid yr un llyfr Cymraeg oedd a sylwedd ynddo heb i John ei brynu.

Ar ôl gadael y coleg, gwnaeth ei orau i ddygymod â byw a gweithio yn y Gymru Gymraeg, ond gyda'r blynyddoedd aeth yr agweddau ar honno oedd yn mynd dan ei groen yn drech nag o. Yn y diwedd, er bod hynny'n loes enbyd iddo, penderfynodd nad oedd ganddo ddewis ond troi ei gefn arni a cheisio bwrw'i goelbren yn ninas Llundain. Yno, câi fyw'r math ar fywyd a ddymunai. Yno hefyd y bu farw.

Ar ei orau, nid yw teithio i brifddinas y Sais yn brofiad i'w chwennych, ond ar ddiwrnod ei angladd roedd cyrraedd cyrion gorsaf Euston yn brofiad chwerw a diflas dros ben. Ychwanegodd taith ar gyfundrefn danddaearol at ein diflastod ac er na lefarwyd y geiriau roedd ystum a gwedd pawb ohonom yn gofyn i'n gilydd sut y gallod John, nac unrhyw berson arall yn ei iawn bwyll o ran hynny, ddewis y fath le yn gartref ac yn weithle am gynifer o flynyddoedd. Er ein bod yn gwybod yr ateb, geiriau nad oedd modd galw arnynt a fyddai'n dilladu hwnnw.

Ond fel y byddai rhywun yn disgwyl, nid oedd troi cefn ar Wynedd wedi golygu bod John wedi troi ei gefn ar Gymru nac ar y Gymraeg wrth ddod i Lundain i fyw. Yn wir, gellid dadlau ei fod wedi talu ei ddyled i'r fagwraeth a'r diwylliant a'i lluniodd yn ôl ar ei chanfed gan ei fod dros lawer o flynyddoedd wedi ymroi i addysgu'r Gymraeg mewn dosbarthiadau nos, ac wedi gwneud hynny gyda llwyddiant ysgubol. Ambell waith byddai'n fodlon sôn rhyw gymaint am rai o'r bobl ddiddorol a lliwgar a ddaeth yn ddisgyblion iddo, ond er gwaethaf ei gyndynrwydd i rannu ei brofiad gyda ni roedd pob tystiolaeth yn awgrymu ei fod yn eithriadol o fedrus gyda'r gwaith a bod degau, os nad cannoedd o bobl, wedi cael eu hysbrydoli ganddo ac wedi dod yn hyddysg yn yr iaith. Yn wir, roedd llawer ohonyn nhw wedi dysgu ei siarad yn rhugl.

Cafodd gystudd maith a chiaidd, ond yn nodweddiadol ohono, roedd wedi trefnu popeth cyn i'r salwch feddiannu ei gorff a'i enaid yn llwyr. Yn ei wendid mawr, daeth adref i fro ei febyd i drafod lleoliad ei fedd yn yr un fynwent â rhai o'i hynafiaid, ger yr eglwys a anwylai'n fwy na'r un. Trefnodd ei wasanaeth angladdol mewn manylder llwyr ac fel y gellid disgwyl roedd wedi sicrhau mai un uchel-eglwysig a fyddai hwnnw.

Cawsom hyd i'r lle'n ddidrafferth a chael ein synnu gan nifer y bobl oedd wedi ymgasglu wrth borth yr eglwys a'n synnu'n fwy fyth wrth sylweddoli mai'r Gymraeg oedd cyfrwng eu hymwneud â'i gilydd. Roedd nifer helaeth iawn ohonyn nhw yn bobl y dysgodd John y Gymraeg iddynt.

Roedd y gwasanaeth yn syml a dirodres, ond yn affwysol o drist. Cafwyd darlleniad graenus, yn y Gymraeg, gan feddyg teulu o Lundain a oedd wedi dysgu'r iaith yn rhagorol yn nosbarthiadau John ac yna daeth un o actoresau amlycaf llwyfannau theatrau Lloegr ymlaen i ffarwelio ag ef trwy adrodd yr Epilog, fel y caiff hwnnw ei lefaru gan Prospero, o *The Tempest*. Wrth iddi ddarllen, ac wrth i seiniau'r geiriau sydd yn sôn am ynys ac am long yn llawn lliain ac am y ffarwél olaf fynd ar ddisberod yn ehangder yr adeilad uwch fy mhen, dechreuodd fy meddwl innau fynd ar grwydr, ac yn ôl mewn amser. Yno, ym mhresenoldeb arch John, roeddwn i'n ôl yn hafau melyn dihafal a diddiwedd ein plentyndod, yn Lan Môr Llan, ym Mhorth Carreg Fawr. Am eiliad roedd gwres yr haul a heli'r môr ar ein croen, a garwedd y creigiau o'n cwmpas.

Dilynwyd y darlleniadau gan berfformiad llawn o Offeren Gabriel Fauré, campwaith oedd yn agos iawn at galon John ac un y gwrandawai arno'n gyson ar record a phryd bynnag y gallai mewn perfformiadau byw. Yn wir, yr oedd yn gyfarwydd â holl weithiau Fauré, ac yn ei edmygu fel cyfansoddwr ac fel dyn.

Ers y diwrnod hwnnw, ni allaf wrando ar unrhyw ran o'r Offeren heb i'r gerddoriaeth fy nwyn yn ôl i'r prynhawn trist yn yr eglwys honno, gyda seiniau'r côr, yr unawdwyr a'r gerddorfa yn llenwi'r gofod o'm cwmpas a chydag arch John yn ganolbwynt ein sylw o flaen yr allor addurnedig.

I mi, y mae ac fe fydd y gerddoriaeth ei hun yn adlewyrchu llawer o nodweddion John ei hun. I ddechrau, mae hi'n wahanol, a'r trywydd a ddilynodd Fauré yn wahanol iawn i'r un a ddewisodd cyfansoddwyr eraill. Does dim byd cynhyrfus na dramatig ar ei chyfyl ac mae ei thawelwch mewn gwrthgyferbyniad llwyr â'r offerennau brawychus ac operatig a gyfansoddwyd gan Berlioz a Verdi. Mae Fauré yn hepgor y lle amlwg a roddir i'r Dilyniant i'r Meirw *[Dies Irae]* gan y cyfansoddwyr eraill ac felly'n osgoi gorfod ymdrin ag ofnadwyaeth ac erchylltra marwolaeth. Yn hytrach, ar ddechrau ac ar ddiwedd y gwaith mae'n rhoi ei sylw pennaf i'r syniad o orffwys tragwyddol. Offeren ddyrchafol ydi hon, dathliad o ryfeddod a llawenydd bywyd yn hytrach na myfyrdod lleddf ar farwolaeth a'i dristwch.

Dywedir bod Fauré yn synio am farwolaeth fel rhyw fath o ollyngdod, a rhoddodd fynegiant i'r farn honno mewn llythyr a ysgrifennodd at gyfaill iddo: 'Felly rydw i'n meddwl am farwolaeth: fel gwaredigaeth lawen, fel dyhead am hapusrwydd tu hwnt i'r bedd yn hytrach nag fel profiad poenus'.

Mae'n anodd gen i gredu mai felly yn union yr oedd John yn ei gweld hi. Yn ystod ei fywyd roedd o wedi cael ei gyfran deg o lawenydd, wedi cael teithio'n helaeth, yn rhugl mewn Almaeneg a Ffrangeg ac wedi trwytho'i hun yn niwylliannau gwledydd yr ieithoedd hynny. Roedd ganddo gylch eang o ffrindiau. Yn y diwedd un, ceisiodd roi'r argraff ei fod yn wynebu'r anochel yn athronyddol, ond tu cefn i'r ffasâd hwnnw, roedd islais cyson o ofid yn brigo i'r wyneb.

Etifeddais rai o lyfrau John, ac ar glawr un o'r rheini roedd o wedi ysgrifennu'r geiriau, 'Paid ag aros yn y tŷ i gusanu gofidiau'. Y gresyn ydi na chafodd John aros yn hwy yn y tŷ hwn, ac mai ar ei ben ei hun, fel yn hanes pawb ohonom, y gorfu iddo wynebu'r gofid diwethaf hwnnw.

# Y Canol Distaw Llonydd

Hon yw'r bedwaredd flwyddyn i mi fynychu'r dosbarth wythnosol sy'n cael ei arwain gan un o staff Adran Dysgu Gydol Oes, Coleg Prifysgol Cymru, Bangor, yn y cylch hwn. 'Morgan Llwyd a'i Oes' yw'r thema ac o wythnos i wythnos caiff deunaw ohonom ein tywys mewn modd diddorol a deniadol trwy gymhlethdodau un o'r cyfnodau mwyaf cythryblus yn hanes yr ynysoedd hyn. Fel dosbarth, mae ein hedmygedd o ehangder dysg ein darlithydd yn ddiderfyn ac nid oes wythnos yn mynd heibio heb i ni gael ein synnu gan ei allu i ddadansoddi, i egluro ac i ddod â digwyddiadau a phersonoliaethau a syniadau yn fyw o'n blaenau. Mae ein boreau Llun yn rhai i edrych ymlaen atynt!

Un o'r dylanwadau creiddiol ar Morgan Llwyd oedd Plaid y Bumed Frenhiniaeth, plaid oedd yn rhoi lle amlwg yn ei chredo i gynnwys agweddau ar Lyfr Daniel a Llyfr y Datguddiad. Credent y byddai Mab y Dyn yn dod 'gyda chymylau y nefoedd' i deyrnasu am fil o flynyddoedd ac mae llenyddiaeth y cyfnod yn frith o gyfeiriadau at 'y Brenin Iesu'. Mae'r dyfyniad isod o'r Datguddiad yn adlewyrchu eu meddylfryd:

> Ac mi a welais orseddfeiniciau, a hwy a eisteddasant arnynt, a barn a roed iddynt hwy; ac mi a welais eneidiau y rhai a dorrwyd eu pennau am dystiolaeth Iesu, ac am air Duw, a'r rhai ni addolasent y bwystfil na'i ddelw ef, ac ni dderbyniasent ei nod ef ar eu talcennau, neu ar eu dwylaw; a hwy a fuant fyw ac a dderbynasant gyda Christ fil o flynyddoedd.
>
> [Datguddiad XX 4].

Defnyddiai gwahanol garfanau o gredinwyr y cyfnod ddulliau gwahanol o gyfrifo pryd yn union y byddai hyn yn digwydd, ac roedd yr ansicrwydd a ddeilliai o hynny yn un elfen yn y berw syniadol, crefyddol a gwleidyddol a nodweddai'r cyfnod. Yn y diwedd creodd yr ymrafael rhwng y brenin a'r Senedd a rhwng yr amrywiol weddau ar Gristnogaeth yr ansefydlogrwydd a'r annifyrrwch a arweiniodd at y Rhyfel Cartref.

Heddiw daeth cadarnhad mai George Bush a enillodd yr etholiad yn America, a'i fod wedi trechu ei wrthwynebydd yn eithaf rhwydd. Yn y wlad honno, fel yn Ynysoedd Prydain yn ystod cyfnod y Rhyfel Cartref, mae rhyw fath o ryfel diwylliannol wedi bod ar gerdded a Bush a charfan amlwg ym mhlaid y Gweriniaethwyr wedi eu cyplysu eu hunain, mewn modd digymrodedd, gyda'r Ffwndamentalwyr Cristnogol. Ymhlith datganiadau mwyaf eithafol y rheini ceir adleisiau o gredoau sy'n ymdebygu ar lawer ystyr i rai Plaid y Bumed Frenhiniaeth. Dangosodd arolwg barn diweddar fod 36 y cant o'r rhai a ymatebodd yn dadlau dros wirionedd y proffwydoliaethau a geir yn Llyfr y Datguddiad ac yn yr un cywair, gwerthwyd mwy na 62 miliwn o gopïau o gyfrol gan un o arweinyddion y Dde Gristnogol sy'n sôn am ddiwedd y byd. Yn ôl honno, pan ddaw'r Armagedon, bydd yr etholedigion yn cael eu dwyn i fyny i'r nefoedd tra bydd ceir sy'n cael eu gyrru gan y colledigion yn mynd yn heidiau yn erbyn cloddiau, ac awyrennau nad yw eu peilotiaid wedi'u hachub yn mynd ar gyfeiliorn yn yr entrychion!

Ym marn rhai o'r bobl hyn mae llywodraeth yn rym aliwn nad oes ei angen mewn gwirionedd. Yng ngeiriau anfarwol Ronald Reagan:

> Ni all y Llywodraeth ddatrys ein problem – y llywodraeth ydi'n problem.

Maent yn synio am lywodraeth eu gwlad eu hunain ac am gyrff fel y Cenhedloedd Unedig fel ymgorfforiad o'r Anghrist. Yn sicr, fe wnaeth y Dde Gristnogol bopeth yn ei gallu i hyrwyddo achos Bush. Cynghorodd y Parchedig Pat Robertson 45,000 o eglwysi ar sut i'w gefnogi, ond mae'n debyg mai'r person mwyaf dylanwadol o'r cyfan oedd y Parchedig James Dobson. Cafodd y rhaglenni y mae ef yn gyfrifol amdanyn nhw eu darlledu'n ddyddiol ar ragor na 3,000 o orsafoedd radio ac ar 80 o orsafoedd teledu. Mae'r rhaglenni hyn i'w gweld a'u clywed mewn 36 o'r taleithiau.

Mae agenda newydd y Gweriniaethwyr yn un radicalaidd ar lawer ystyr, a chredant yng ngallu'r unigolyn i amddiffyn ei hun ac i ymorol am ei anghenion ei hun. Nid yw gadael cyfran helaeth o boblogaeth eu gwlad yn gwbl ddiymgeledd yn poeni dim arnynt. Maent yn ddrwgdybus o ymyrraeth y wladwriaeth mewn materion fel iechyd ac addysg, yn chwyrn eu gwrthwynebiad i ymchwil i gelloedd bôn ac erthyliad. Dadleuant yn daer o blaid dienyddio ac o blaid caniatáu i unrhyw ddinesydd sy'n dymuno gwneud hynny fod yn berchen ar wn. Bellach, mae'r wlad y maen nhw'n byw ynddi yn carcharu cyfran uwch o'i phoblogaeth nag unrhyw wlad arall yn y byd, gyda'r mwyafrif o'r carcharorion, fel ei milwyr cyffredin, yn groenddu ac yn dod o haenau tlotaf ei chymdeithas. Maent am i'r Beibl gael ei ddehongli'n llythrennol, gan ymwrthod yn llwyr â damcaniaethau Darwin am esblygiad dyn ac ymgyrchant i ddiwygio'r gwerslyfrau a ddefnyddir mewn ysgolion sy'n rhoi mynegiant i'r ddamcaniaeth honno, gan bwyso am iddi gael ei disodli gan Greadaeth. Maent yn mynnu mai dim ond 6,000 o flynyddoedd sydd wedi mynd heibio ers i'r Grand Canyon gael ei ffurfio.

Nod Bush yw gwireddu deisyfiad adain dde ei blaid i lastwreiddio dylanwad y llywodraeth ffederal sy'n gyfrifol am godi trethi ar y bobl, ac yn ychwanegu at fiwrocratiaeth. Daeth ei ymrwymiad i ostwng lefelau trethi yn amlwg iawn yn ystod ei dymor cyntaf fel Arlywydd ac yn ei enw fe luniwyd deddfwriaeth a fydd yn y pen draw yn dileu treth etifeddol yn gyfan gwbl erbyn 2010. Mae'r ffaith ei fod wedi cael ei ail-ethol yn golygu bod hynny bron â bod yn rhwym o ddigwydd. Dros y pedair blynedd y bu mewn grym mae ei lywodraeth wedi gostwng lefelau'r trethi ar gyfalaf o 25 y cant a'r trethi y mae pobl gyfoethocaf America yn eu talu ar y difidendau a dderbyniant o 62 y cant. Trwy wneud hynny mae wedi ychwanegu'n sylweddol at faintioli'r anghyfartaledd enbyd sydd yn amlwg ar draws y wlad. Yn UDA, ddeng mlynedd yn ôl, roedd incwm cyfarwyddwyr cwmnïau ddeng gwaith yn fwy na chyflogau gweithwyr cyffredin. Erbyn hyn y mae 419 gwaith yn uwch.

Yng ngolwg y Parchedig Pat Robertson, mae Duw wedi rhoi gofal y byd yn nwylo dyn, ac yn arbennig yn nwylo Cristnogion, gan ei roi i arglwyddiaethu dros y ddaear a phopeth sy'n rhan ohoni. Mae'r cenedlaetholdeb ymosodol a arddelir gan y garfan a gynrychiolir ganddo yn ymdebygu i'r hyn a welwyd yn Ffrainc ar ôl 1789, yn yr Almaen ar ôl 1918 ac yn Lloegr ar fwy nag un achlysur. Eisoes, mewn gwlad lle mae dylanwad y lluoedd arfog a'r cwmnïau arfau yn drech na grym yr ewyllys democrataidd mae'r duedd imperialaidd wedi bod yn amlwg iawn ac wedi arwain at ddegawdau lawer o ymyrryd mewn gwledydd pell ac agos lle gwelir 'bygythiad' i dra-arglwyddiaeth America.

Mor bell yn ôl â 1961, llwyddodd Arnold Toynbee i roi ei fys ar wir natur America pan ddywedodd:

> Heddiw, hi sy'n arwain y mudiad gwrth-chwyldroadol byd-eang i ddiogelu buddiannau'r ychydig. Bellach mae hi'n cynrychioli'r union beth yr oedd Rhufain yn ei gynrychioli. Rhoddodd Rhufain gefnogaeth gyson i'r cyfoethogion ym mhob un o'r cymunedau tramor a ddaeth yn eiddo iddi, ac oherwydd bod y tlodion ym mhobman hyd yn hyn wedi bod yn fwy niferus na'r cyfoethogion, arweiniodd polisi Rhufain at anghyfartaledd, anghyfiawnder ac at anhapusrwydd ymhlith trwch y boblogaeth.

Mae rhestr y gwledydd a dderbyniodd sylw o'r fath yn un faith a'r erchyllterau a gyflawnwyd yn enw ymrwymiad America i 'ddemocratiaeth' mor niferus fel mai anodd yw gwybod sut ac ymhle i gychwyn. Tuedda'r llyfrau hanes i wneud i ni feddwl mai yn Ewrop yr ymladdwyd y Rhyfel Oer rhwng Rwsia ac America, ond roedd y frwydr gyfochrog yng 'ngardd gefn' UDA, sef De America, yn ffyrnicach ac yn greulonach na dim a welodd cyfandir Ewrop ac mae'r gwledydd a reibiwyd yn parhau i ddioddef hyd y dydd heddiw.

Yn Chile, rhwng 1964 a 1973, llwyddodd y CIA i danseilio llywodraeth ddemocrataidd yr Arlywydd Allende, ei lofruddio, a rhoi'r Cadfridog Pinochet i reoli'r wlad. Yn ystod ei deyrnasiad llofruddiwyd 3,000 o bobl, 'diflannodd' sawl mil o bobl eraill a chafodd degau o filoedd eu cam-drin a'u harteithio gan y fyddin. Disgrifiodd un llygad-dyst y math o beth oedd yn digwydd i unigolion a ystyrid yn fygythiad:

Cyrhaeddais Brydain wyth mlynedd ar hugain yn ôl, wedi i mi dreulio 22 mis mewn gwersylloedd carchar yn Chile. Treuliais 45 niwrnod o'r cyfnod hwn yn Villa Grimaldi. Ar fy niwrnod cyntaf yno cefais fy nghroesawu gan swyddogion na allwn eu gweld gan 'mod i wedi cael fy ngorfodi i wisgo mwgwd trwy gydol y 45 niwrnod y bûm i yno. Wedi iddyn nhw dynnu fy nillad cefais fy nhaflu ar wely yr oedd ei wifrau metal wedi'u dinoethi a rhoddwyd triniaeth siociau trydan i mi nes 'mod i'n anymwybodol.

O dro i dro, fel roeddwn i'n dod ataf fy hun, byddai swyddog yn gafael yn fy mhen a'i wthio i fwcedaid o gachu, chwŷd a phiso. Pan oeddwn i ar fin boddi yn hylifau corfforol pobl eraill roedden nhw'n tynnu fy mhen allan o'r bwced. Aeth hyn yn ei flaen am wythnosau. Roedd gradd eu creulondeb yn dibynnu ar ba rai oedd wedi cael eu restio'r diwrnod hwnnw ac ar y flaenoriaeth oedd yn cael ei rhoi i'r wybodaeth roedden nhw wedi'i chael gan y carcharorion newydd hyn. Yn y diwedd cefais fy nhrosglwyddo i wersyll crynhoi. Yno, o leiaf, doeddech chi ddim yn cael eich poenydio'n gorfforol bob dydd. Yn union fel pawb arall oedd yno, ni wnaed unrhyw gyhuddiad yn fy erbyn.

Erbyn hyn rydw i'n byw'r hyn y buaswn yn ei alw'n fywyd llwyddiannus. Ond does dim byd, dim affliw o ddim a all ddileu'r teimlad 'mod i wedi cael fy ngwaradwyddo a'm sarhau i ddyfnder fy modolaeth. Mae Guantánamo'n dangos na fydd yr adroddiad diweddaraf yn newid yr un dim. Bydd arteithio a gwaradwyddo pobl yn parhau i fynd yn ei flaen tra bydd Duw yn pledio achos Pinochet, Bush ac al-Zaraqawi.

Rinaldo Meza (llythyr yn y Guardian, 18 Tachwedd 2004)

Yn Guatemala, llwyddodd *coup* a ysbrydolwyd gan y CIA i danseilio llywodraeth ddemocrataidd Jacobo Arbenz gan arwain at 40 mlynedd a mwy o lofruddio, arteithio a chreulondeb sydd y tu hwnt i'r dychymyg. Lladdwyd mwy na 200,000 gan wneud hon yn un o'r penodau mwyaf trychinebus yn hanes yr ugeinfed ganrif. Eto, mae'r disgrifiad hwn gan un oedd yn llygad-dyst i'r hyn a ddigwyddodd:

> Drannoeth aeth platŵn o filwyr dethol Guatemala i bentref o'r enw Las Dos Erres yn y jyngl a lladd 162 o'r trigolion gan gynnwys 67 o blant. Roedd y milwyr yn gafael yn y babanod a'r plant ifanc gerfydd eu traed, yn eu troi yn yr awyr ac yn malu eu pennau yn erbyn wal. Roedden nhw'n gorfodi plant hŷn ac oedolion i benlinio wrth ymyl ffynnon lle roedd un ergyd gyda gordd yn eu taflu bendramwnwgl i'r dyfnderoedd. Yna aeth y platŵn ati i dreisio merched a genethod ifanc dethol yr oedden nhw wedi'u cadw tan y diwedd, gan ddyrnodio boliau'r rhai oedd yn feichiog er mwyn peri iddyn nhw erthylu'n naturiol. Cafodd y merched eu taflu i'r ffynnon, yna llenwyd honno â baw, gan gladdu rhai o'r pentrefwyr yn fyw. Yr unig olion o'r cyrff oedd yn amlwg i bobl a ymwelodd â'r pentref yn ddiweddarach oedd gwaed ar y waliau a brychau a llinynnau bogail ar hyd y llawr.

o The Last Colonial Massacre:<br/>Latin America in The Cold War gan Greg Grandin

Dros gyfnod maith, bu America yn ymyrryd ac yna'n rhyfela yn Fietnam. Erbyn iddyn nhw golli'r rhyfel hwnnw a gorfod ffoi o'r wlad gyda'u cynffonnau rhwng eu coesau, roedd mwy na dwy filiwn o bobl wedi'u lladd a thiroedd, coedwigoedd a chronfeydd dŵr y wlad honno wedi'u gwenwyno am genedlaethau.

Yn Iran, yn 1953, mewn partneriaeth gydag MI6, llwyddodd y CIA i danseilio'r Prif Weinidog Mossadegh a oedd wedi pechu'r cwmnïau olew Prydeinig drwy genedlaetholi diwydiant olew'r wlad. Yn ei le ailorseddwyd y Shah a fu mewn grym am gyfnod o 25 mlynedd. Bu hwnnw'n gyfnod o orthrwm ac arteithio, ond fe ailbreifateiddiwyd y diwydiant olew ganddo er budd UDA a Phrydain.

Derbyniodd Panama, Uruguay, Haiti, Indonesia, Costa Rica, Cuba, Corea, Afghanistan a Colombia 'sylw' cyffelyb gan America, ac er na fu George Bush ei hun yn gyfrifol am anfadwaith y gorffennol mae'r garfan a oedd yn gyfrifol yn parhau i reoli'r Pentagon a'r Tŷ Gwyn ac mae lle i ofni y bydd y mandad diweddaraf a gafodd Bush yn golygu y bydd agwedd ei lywodraeth yn fwy ymosodol fyth yn ystod y pedair blynedd nesaf. Mae'n ymddangos nad yw barn gweddill y byd amdano yn poeni'r un iot arno ac, yn ystod ei dymor cyntaf, mae wedi ceisio tanseilio'r Llys Troseddu Rhyngwladol ac, o fethu gwneud hynny, wedi gwrthod ei hyrwyddo (UDA yw'r unig wlad yn y byd i wrthod gwneud hynny); wedi penderfynu nad yw am gadw at amodau'r Cytundeb Rhyngwladol ar Daflegrau Balistig; wedi datgan bwriad i anwybyddu'r gwaharddiad ar brofion niwclear, ac wedi gwrthod arwyddo Cytundeb Kyoto i atal cynhesu byd-eang. Er mwyn rhwystro arolygwyr rhyngwladol rhag ymweld â Bae Guantanamo, mae wedi dirymu Confensiwn y Cenhedloedd Unedig yn erbyn arteithio carcharorion.

Tristwch mwy fyth yw meddwl bod crefyddwyr o unrhyw fath wedi rhoi cefnogaeth i'r fath ddyn, ac oni bai bod rhywun yn ymwybodol o'r ffaith fod traddodiad arall pur wahanol yn perthyn i UDA, byddai rhywun yn anobeithio. Ar hyn o bryd, yn anffodus, mae'r traddodiad hwnnw a roddodd i ni ddynion fel Martin Luther King, yn ddiymadferth a phur dawedog.

# Mawredd Mahler

Noson i'r brenin neithiwr, er nad ydw i'n hoff o'r ymadrodd! Troi cefn ar y cyfrifiadur a gwrando ar CD neu ddwy.

Yn nyddiau'r ysgol uwchradd, yr athrawes a wnaeth yr argraff fwyaf arna i oedd yr athrawes hanes. Cymaint o argraff nes 'mod i'n cofio hyd heddiw frawddeg agoriadol ei nodiadau ar hanes Ynys Môn, sef 'Yr oedd Ynys Môn yn bod cyn codi o fynyddoedd Eryri'. Ac yn y cyfnod cyn-Gwricwlwm Cenedlaethol rhydd a rhyfygus hwnnw, ac yn ei hawch i'n gwneud yn fro-garwyr ac yn Fonwysion o'r iawn ryw, gwnaeth i ni ddysgu talpiau o waith Goronwy Owen ar ein cof. Mae'n debyg bod hwnnw'n fater i rwgnach yn ei gylch ar y pryd, ond fe ddysgais yn ddigon selog, ac er gwaethaf y ffaith bod llawer o elfennau ar gynnwys yr awdlau yn ddieithr ac anghyfarwydd ar y pryd, mae peth o'u cyfaredd wedi aros gyda mi hyd y dydd heddiw. Yn sicr fe fu'r delweddau pwerus sy'n rhan ohonynt yn cyniwair yn selerydd fy meddwl trwy flynyddoedd cythryblus a niwrotig fy llencyndod, pan oedd y morbid a marwolaeth, a llinellau fel:

> Pan ganer trwmp Iôn gwiwnef,
> Pan gasgler holl nifer nef,
> Pan fo Môn a'i thirionwch
> O wres fflam yn eirias fflwch,
> A'i thorog lwythi arian,
> A'i phlwm a'i dur yn fflam dân . . .

yn troi a throsi'n barhaus ac yn anghysurus yn fy isymwybod.

Ond os oedd y gwersi hanes yn ysbrydoli, go brin y gellir dweud hynny am y gwersi cerddoriaeth. Mae'n wir ein bod wedi dysgu canu sawl alaw Gymreig ac un neu ddwy o ganeuon clasurol, ond oni bai am ddylanwad negyddol cyfraniadau anaddas, a phur anapelgar Triawd Bangor ac un anuniongyrchol a damweiniol y sinema, go brin y byddai cerddoriaeth gerddorfaol wedi cyffwrdd yn fy mywyd o gwbl. Yn hynny o beth, mae'n debyg fod gen i le i fod yn ddiolchgar i fogyliaid Holywood gan mai trwy awyrgylch oedd yn las gan fwg sigaréts y sinema leol y clywais i, heb fod yn llawn ymwybodol o hynny, rai o gampweithiau'r cyfansoddwyr Iddewig athrylithgar oedd wedi ffoi i Hollywood pedwardegau a phumdegau'r ganrif ddiwethaf ac wedi troi at gyfansoddi cerddoriaeth ffilmiau er mwyn cadw corff ac enaid ynghyd. A rhag ofn i mi wneud cam â chyfrwng arall, rhaid peidio anghofio'r wefr a deimlwn i wrth wrando ar rannau o bedwaredd symffoni Tchaikovsky a oedd yn rhan mor gynhyrfus o'n dogn wythnosol o *Galw Gari Tryfan* ar y radio.

Rhywsut, rywfodd, bu hynny'n ddigon, am wn i, i blannu rhyw hedyn ynddo' i ac ers y cyfnod pan ddechreuais i gasglu recordiau am y tro cyntaf mae fy niddordeb mewn cerddoriaeth wedi cynyddu, a'm dibyniaeth arni fel ffynhonnell diddanwch, ysbrydoliaeth a gwefr wedi tyfu i'r fath fodd fel ei bod hi bellach yn rhan annatod a hanfodol o'm byw a'm bod. Bellach, byddai byd hebddi yn un llwm ar y naw ac wrth i'r blynyddoedd fyrhau a mynd heibio ar ras afresymol o wyllt, rydw i'n dod yn fwy a mwy gwerthfawrogol o'r cysuron a'r golud sydd i'w canfod ym myd dychymyg ysbrydoledig y cyfansoddwyr mawr. Ac yn fy nhyb i mae Gustav Mahler yn sefyll ben ac ysgwydd uwchlaw'r lleill i gyd.

Yn ei oes ef, fe ddrylliodd Goronwy Owen hualau disgyblaeth lem y traddodiad cerdd dafod a fodolai yn ei gyfnod er mwyn rhoi mynegiant dilyffethair i'w alar ar ôl colli ei ferch, Elin:

> Mae cystudd rhy brudd i'm bron –'r hyd f'wyneb,
>   Rhed afonydd heilltion,
>   Collais Elin liw hinon,
>   Fy ngeneth oleubleth, lon.

Torrodd Mahler, yntau, lawer iawn o gwysi radicalaidd o newydd yn ei gerddoriaeth er mwyn ceisio dod i delerau â'r tensiwn a fodolai ynddo rhwng ei gariad angerddol tuag at y byd a'i ymwybyddiaeth lethol o fygythiad hollbresennol ac anochel angau. Yr oedd, wedi'r cyfan, yn perthyn i deulu o ddeuddeg o blant y bu pump ohonynt farw yn ifanc a chollodd yntau a'i wraig Alma ferch o'r enw Maria a hithau ddim ond yn bedair oed. Er bod ei Ail Symffoni, fel ei *Kindertotenlieder*, wedi rhagflaenu'r brofedigaeth honno o sawl blwyddyn, rwyf wedi f'argyhoeddi fy hun mai ynddi hi y ceir y mynegiant mwyaf grymus o'r modd y mae'r cyfansoddwr yn ceisio dod wyneb yn wyneb â'i feidroldeb ei hun ac yn herio'n agored yr uniongrededd a fynnai fod bywyd yn parhau tu hwnt i'r bedd. Er mai Symffoni'r Atgyfodiad yw'r enw cyffredin arni, nid yn yr ystyr crefyddol arferol i'r gair hwnnw y syniai Mahler amdani.

Heddiw, wrth fwrw golwg yn ôl i ddyddiau plentyndod ac ieuenctid a myfyrio'n anochel, dro arall, am freuder enbyd fy mywyd i fy hun a bywyd pawb sy'n annwyl i mi, mae'n anodd peidio meddwl beth yw union ystyr bod yn fyw. Darllenais yn rhywle bod y bydysawd cyfan yn 13 biliwn o flynyddoedd golau ar ei draws, a'n planed ni yn un ddistadl, ddibwys yn nyfnderoedd anhygyrch yr anferthedd hwnnw. Mae'n anodd gen i gredu ein bod ninnau'n amgenach na gronynnau di-nod yn yr 'ehangder mawr' hwnnw y sonia T H Parry-Williams amdano, a bod angen rhyw ego anferthol arnom i gredu ein bod yn bwysicach na hynny. Mae'n eithaf posibl y bydd rhyw gymaint o ôl rhai ohonom ar ffurf atgofion melys neu chwerw'r rhai a groesodd ein llwybrau, a rhyw gymaint o dystiolaeth fyrhoedlog am ein rhawd mewn wal gerrig a luniwyd gennym neu goeden a roesom yn y ddaear ond, ar wahân i hynny, onid rhyw 'lithro i'r llonyddwch mawr yn ôl' yw hanes y mwyafrif llethol ohonom?

Teimlaf islais o feddyliau tebyg i hynny bob tro y gwrandawaf ar Mahler ac rwyf wedi f'argyhoeddi fy hun mai yn ei ail symffoni, sef yr un oedd agosaf at ei galon, y llwyddodd i rannu gyda ni ei amheuon dyfnaf a'i wewyr ynghylch ystyr ei fywyd. Mae'r nodiadau a luniodd i'r rhaglen a gyhoeddwyd ar gyfer ei pherfformiad cyntaf yn ddadlennol yn hynny o beth, ac yn adleisio rhai o eiriau'r bardd o Fôn:

> Mae'r ddaear yn ymysgwyd, y beddau'n ymagor, y meirwon yn codi o'u beddau yn un llif gorymdeithiol . . . mae seiniau utgyrn y datguddiad yn seinio . . . ac wele, nid oes barn . . . does dim cosbedigaeth na gwobrwyo. Mae cariad llethol yn goleuo ein bod.

Mae gwrando arni, pryd bynnag y clywaf i hi yn ei chyfanrwydd neu fel darnau ar wahân, yn rhoi gwefr ddigymysg i mi ac ar lawer ystyr yn dod â mi at fy nghoed yn deimladol ac yn ysbrydol. Ystyriaf fod cael fy nwyn i mewn i fyd y seiniau cymysgliw ac unigryw a grëwyd gan y cyfansoddwr rhyfeddol hwn yn un o'r breintiau mwyaf a ddaw i'm rhan.

Myfyrdod ar ystyr bywyd yw'r symudiad cyntaf, sef yr *Allegro maestoso,* gyda'r arwr yn ymrafael â marwolaeth. Mae rhyw anwyldeb yn perthyn i lafargan y symudiad sy'n ei ddilyn, gyda Mahler yn myfyrio yn hwnnw ynghylch cyfnodau hapusaf ei fywyd. Serch hynny mae rhyw elfennau bygythiol, heriol i'w clywed ynddo hefyd, gan roi rhybudd i ni am yr hyn sydd i ddod. Mae cri o ofid i'w chlywed o bryd i'w gilydd yn y trydydd symudiad, a'r cyfansoddwr yn rhoi mynegiant i'w dristwch am ei fod yn methu'n lân â chredu yn yr un dim. Daw Mahler o hyd i'r heddwch y bu'n ei geisio yn y pedwerydd symudiad, ond mae'r gwrthgyferbyniad rhwng hwnnw a dechrau'r pumed – a'r olaf – o'r symudiadau, yn drawiadol tu hwnt.

Ni allaf fyth flino ar wrando pumed symudiad y symffoni. Mae hwnnw'n cychwyn gyda thalpiau enfawr o sain, a'r rheini'n ein harwain wedyn at gyfnodau o densiwn ac amheuon ac yna at farwnadau sydd yn y diwedd yn ildio o flaen yr uchafbwynt ar ffurf corâl gorfoleddus sy'n dwyn y cyfan i ben. Yn fy munudau gwan, byddaf yn gosod y peiriant CD i ail a thrydydd chwarae hwnnw nes bydd y lle yma'n diasbedain, fy nhaith innau tuag at fyddardod fymryn yn fyrrach, ond fy moddhad yn llwyr.

Yn ei hanfod, anthem o ddiolch am a gafwyd o'r peth prin hwnnw a elwir llawenydd yw'r symffoni hon i mi. Fel y byddai rhywun yn disgwyl, ymateb digon athronyddol a gafwyd gan y gwyddonydd Richard Dawkins yn ddiweddar wrth i rywun ei holi ynghylch marwolaeth a'i agwedd tuag ati. Ym marn Dawkins, lle i ddiolch sydd gan bawb ohonom a gafodd y fraint wyrthiol o fod yn fyw gan ein bod ni'n ddethol, ac yn wahanol i'r myrddiynau hadau hynny nad ydynt yn ffrwythloni nac yn creu bywyd. Yn fy eiliadau haerllug byddaf yn mentro credu mai dyna hefyd oedd safbwynt Gustav Mahler ac er bod rhyw dristwch fel edefyn trwy ei holl weithiau, y mae gobaith a goruchafiaeth a llawenydd am gael bod yn fyw ynddo hefyd. Mae ei ail symffoni yn brawf digamsyniol na allai, yn y diwedd, gau llifddorau'r llawenydd hwnnw ac o'r herwydd mae'n gysur amhrisiadwy i minnau.

# Colli'r cof, colli'r cyfan

Clywed rhywun yn sôn am y diwylliant Iddewig ar raglen radio heddiw'r bore ac yn cyfeirio at y pwyslais yn y diwylliant hwnnw ar ddysgu ar y cof. Bu'r rhaglen honno yn gyfrwng i'm hatgoffa am fy ymdrechion, dros y misoedd diwethaf, i geisio mesur a phwyso faint o wybodaeth sydd gan y plant a'r bobl ifanc y deuaf ar eu traws am lenyddiaeth Gymraeg a beth yw eu hagwedd tuag at ddarllen y llenyddiaeth honno. Ceisiais beidio bod yn ymwthgar wrth ymchwilio, gan holi'n anuniongyrchol mewn sefyllfaoedd anffurfiol pryd bynnag yr oedd hynny'n bosibl. Ar yr un pryd holais rai rhieni sydd â phlant a rhai o'm cydnabod sydd mewn cysylltiad rheolaidd â'u hwyrion er mwyn gweld beth oedd eu barn nhw am yr un testun.

Er na allwn fyth honni bod y sampl a holais na'r grŵp oedolion y gofynnais am eu barn yn gynrychioliadol mewn unrhyw ffordd, ac er bod datgan hynny'n peri gofid gwironeddol i mi, mae'n ymddangos bod yn well gan fwyafrif llethol y bobl ifanc ddarllen y Saesneg ac mai digon simsan oedd eu gwybodaeth gyffredinol am lenyddiaeth eu gwlad. Hyd yn oed ymhlith y plant sy'n mynychu ysgolion uwchradd cyfrwng Cymraeg prin iawn yw eu gwybodaeth am fawrion a champweithiau llenyddiaeth Cymru ac nid yw cyfran helaeth ohonyn nhw yn gwybod pwy oedd R Williams Parry, na T H Parry-Williams, na Waldo, na phwy yw Gerallt Lloyd Owen nag Iwan Llwyd na Twm Morys. Yn dristach fyth, yn achos y rhan fwyaf ohonyn nhw, roedd hi'n ymddangos nad oedden nhw byth yn dysgu darnau o farddoniaeth na rhyddiaith ar eu cof.

Mae cenedl yr Iddewon yn un ryfeddol. O edrych ar ei dylanwad ar y byd mae'n anodd credu nad oes gan ei phobl fwy na'u cyfran deg o athrylith, ac mae'n anodd iawn troi at unrhyw agwedd ar ddysg, diwylliant a dyfeisgarwch dyn heb i enwau Iddewig ddod i'r amlwg. Mae'r enwau o feysydd mor amrywiol â seicoleg, technoleg, gwyddoniaeth, athroniaeth, llenyddiaeth a cherddoriaeth mor niferus fel y byddai angen tudalennau lawer i'w cynnwys, ac mae crybwyll enwau detholiad bach, sef Singer, Bellow, Pasternak, Chomsky, Bohr, Wittgenstein, Klemperer, Mahler, Mendelssohn, Bernstein, Marx, Popper a Freud yn ddigon i awgrymu y byddai ein byd ni yn wahanol iawn i'r un ydyw heddiw heb gyfraniadau unigryw'r genedl hon.

Priodolwyd gallu'r Iddewon i ragori mewn sawl maes i lawer math gwahanol o ddylanwad, a'r rheini'n amrywio o'r dadansoddiad pwyllog a gwrthrychol i'r mynegiant mwyaf eithafol o hiliaeth noeth. Am gyfnod mynnodd rhai fod gan yr Iddewon enyn ychwanegol oedd yn gwneud eu DNA yn wahanol i un bob cenedl arall, ond drylliwyd y ddamcaniaeth honno'n llwyr. Honnodd eraill fod eu hathrylith yn deillio o'r ffaith eu bod, fel pobl, wedi cael eu herlid ar hyd y canrifoedd, ac o'r herwydd bod y rhai sydd wedi goroesi wedi cael eu 'dethol' ar sail eu gwytnwch a'u penderfyniad. Mae'n haws o lawer credu mai rhesymau diwylliannol, yn ystyr ehangaf y gair hwnnw, sydd i gyfrif am eu llwyddiant.

Yn ystod blynyddoedd yr alltudiaeth, a thrwy gydol eu hanes cynnar, dibynnai'r Iddewon ar eu cof i gadw eu llenyddiaeth a'u traddodiadau rhag mynd i ddifancoll, ac mae pwyslais hwnnw wedi goroesi hyd heddiw. Mae eu diwylliant yn un sy'n gyson uchelgeisiol ac optimistig ac mae ei bwys ar bethau'r meddwl a'i ffydd yng ngallu ei bobl i lwyddo yn ddiwyro.

Un o gyfraniadau mawr y traddodiad Anghydffurfiol yng Nghymru oedd y pwyslais Iddewig a geid ynddo ar ddysgu ar y cof. Cefais fy atgoffa am hynny pan fu farw Islwyn Ffowc Elis yn gynharach eleni. Yn ei nofel *Wythnos yng Nghymru Fydd* mae'r awdur yn sôn am siaradwr olaf yr iaith Gymraeg ac yn dychmygu mai ym Mhenllyn y byddai'r iaith yn cael ei siarad am y tro olaf. Yn yr olygfa dan sylw, mae'r hen wraig olaf i fedru ei mynegi ei hun trwy gyfrwng yr iaith yn gwneud hynny trwy adrodd darn o'r drydedd salm ar hugain oddi ar ei chof. Clywais adlais o'r un thema mewn rhaglen deledu a ddarlledwyd rai misoedd yn ôl yn sôn am broblemau gosod darpariaeth band llydan mewn ardaloedd gwledig. Roedd y rhaglen wedi darganfod bod rhywrai yn America, oedd a chysylltiadau â Chymru, wedi datrys y broblem yn rhai o ardaloedd mwyaf diarffordd talaith Wisconsin. Wedi i'r tîm camera ymweld â Wisconsin, gwelwyd bod llawer o'r bobl oedd yn byw yn y gymuned yn ddisgynyddion teuluoedd Cymreig ac aeth y gohebydd i holi am y Gymraeg, gan ofyn a oedd unrhyw unigolyn yn y dref yn parhau i fedru ei siarad. Roedd yr un gŵr y tybid ei fod â rhywfaint o'r iaith yn eiddo iddo mewn gwth o oedran, wedi dechrau mynd yn ffwndrus, ac yn analluog i lunio brawddeg ystyrlon yn yr iaith. Ond pan ofynnwyd iddo a oedd o'n cofio rhywbeth yn y Gymraeg, llwyddodd i adrodd englyn cyfan, air am air. Yr hyn oedd yn drawiadol am y digwyddiad ffuglennol a'r digwyddiad go-iawn oedd mai rhywbeth a ddysgwyd ar y cof a frigodd i'r wyneb yn y ddau achos.

Mae rhai addysgwyr yn credu mai mewn sefyllfaoedd cymdeithasol, lle rydyn ni'n dysgu ar y cyd gydag eraill ac yn gwneud hynny heb yn wybod i ni, y mae ein dysgu ar ei fwyaf pwerus ac effeithiol. Dyna pam, mae'n debyg, bod gan y rhai ohonon ni a dreuliodd gyfran helaeth o'n plentyndod yn capela, yn meddu ar rai cannoedd o emynau ac o ddarnau o'r Ysgrythurau ar ein cof. Mater o gyd-ddigwyddiad ffortunus, neu fater o weledigaeth ar ran rhywrai oedd â dylanwad, yw'r ffaith bod cryn bwyslais ar ddysgu ar y cof yn ysgolion yr un cyfnod, a bod sawl un ohonon ni wedi dysgu ac yn parhau i gofio rhai o'r penillion telyn a'r cerddi a gyflwynwyd i ni yn yr ysgolion yn ystod pedwardegau'r ganrif ddiwethaf.

Oherwydd pwysau gormesol y Cwricwlwm Cenedlaethol, mae'n ymddangos mai ychydig iawn o statws sydd i ddysgu ar y cof yn ysgolion heddiw a byddai ei adfer fel arferiad o bwys yn bur anodd. Serch hynny, mae dadleuon grymus y gellir eu defnyddio o'i blaid. O safbwynt ieithyddol, trwy gaffael cynhysgaeth o lenyddiaeth ar y cof, mae person yn adeiladu cronfa ieithyddol yn ei feddwl a honno'n gronfa y gall droi ati, yn aml heb sylweddoli ei fod yn gwneud hynny, fel math o ffynhonnell gyfeiriol. Trwy ei chyfrwng gall y meddwl wirio neu gyfeirio'n ôl at batrymau, cystrawennau, ymadroddion, priod-ddulliau, cenedl enwau, treigladau, amseroedd y ferf ac yn y blaen, ac mae hynny o werth anhraethol i'r darllenwr gan fod llawer o'r hyn y daw ar ei draws mewn llyfrau eisoes yn 'gyfarwydd' i'w feddwl ac felly'n gwneud y broses ddarllen yn fwy rhwydd iddo. A thybed nad yw plant sy'n cael eu hamddifadu o'r corff gwybodaeth hanfodol hwn yn debygol o wynebu anawsterau pan ddônt ar draws yr anghyfarwydd yn eu darllen?

Mae meddu ar y ffynhonnell ieithyddol hon yr un mor ddefnyddiol i'r ysgrifennwr ac o bosibl yn llechu yng nghefndir ein hyfedredd fel siaradwyr. Yn sicr fe all hi fod yn gydran bwysig yn seiliau'r iaith sydd gan berson 'yn ei ben' megis. O safbwynt cymdeithasol, mae meddiant cyffredinol ar yr un corff o wybodaeth neu ddiwylliant yn cyfrannu at ymdeimlad o 'berthyn' i bobl eraill, ac oherwydd bod y capeli, sef yr unig sefydliad Cymreig oedd â'r gallu i drosglwyddo gwybodaeth o'r fath i genhedlaeth ar ôl cenhedlaeth, yn anabl i wneud hynny erbyn hyn, tybed nad yw cyfrifoldeb ein hysgolion yn bwysicach nag y bu erioed o'r blaen?

O bersbectif diwylliant lleiafrifol, prin fod dim sy'n bwysicach na sicrhau bod y gynhysgaeth amhrisiadwy sy'n perthyn i'n llenyddiaeth yn cael ei throsglwyddo i'n plant. Os oes blaenoriaeth, os oes rhywbeth gwerth ymgyrchu yn ei gylch, dyma yw.